18歳を市民に

高校生を市民にする実践を
学校を越えて語り合い、聴き合います！

あなたも**高生研**へ

（全国高校生活指導研究協議会）

★年会費 6,000 円（銀行引き落としで納入）
★会員には、本誌（年２回発行）と会員通信（年２回発行）が送付される。
★会員申し込みは、事務局：info@kouseiken.jp まで。

高生研研究指標（1997 年 8 月 1 日決定）

1　私たちは、憲法と教育基本法の平和と民主主義の理念を今日的に発展させる立場から、人権の発展を目指すグローバルな動向に学び、すべての子ども・青年の個人的権利と集団的権利の実現につとめ、民主的な高校教育を追求する。

2　高校生が学校をはじめとした生活の中で、多様で豊かな社会関係をとり結び、主体的・創造的な学びを獲得し、他者と共存・共生するわざや見通しを身につけるよう指導する。

3　高校生が自治的な諸活動をつくり出し、青年・父母・市民と協同・連帯して社会の発展に参加する中で、社会の民主的形成者としての品性と自治的能力を身につけるよう指導することを原則とする。

4　個の成長と集団の発展の関係に着目した「集団づくり」の実践的伝統を引き継ぎ、国家および市場による教育支配に対抗しうる文化・社会・学校を創造する新たな実践の筋道を探る。

5　広く子ども・青年、父母、地域住民、近接領域の専門家と交流・提携しつつ、教育慣行と教育政策・制度の民主的転換に取り組み、10 代の子ども・青年の自立に関わるすべての教育機関の総合的発展に寄与する。

（注）指標１にある「教育基本法」とは、1947 年３月 31 日に公布されたものである。

高校生活指導　2023年216号

18歳を市民に

表紙・本文デザインレイアウト／岡崎健二

『18歳を市民に』 **高生研**

第61回全国大会
2023 東京大会

大会テーマ

「対等な関係性を探る生活指導
～『ケアの倫理』を手がかりに～」

会期・会場
2023年8月16日(水)～18日(金)
成城大学

日付	9	10	11	12	13	14	15	16	17	18	19	20
8月16日 水			受付 10:30～ / 入門講座 11:00～12:15		全体会 13:00～17:00				休憩	交流会1 17:30～19:50		
17日 木	受付 8:40～ / 一般分科会 9:00～12:30			昼食休憩 12:30～13:30	一般分科会 13:30～17:00				休憩	交流会2 17:30～19:50		
18日 金	受付 8:40～ / 問題別分科会 9:00～12:00			昼食休憩 12:00～13:00	別れのつどい＆総会 13:00～15:30							

～対面をベースにした大会運営ですが、オンライン参加も受け付けてます！たくさんの参加をお待ちしています～

主催：全国高校生活指導研究協議会

入門講座　８月１６日（水）１１：００～１２：１５

「不登校当事者の声から学校を問い直す」　小川京子

当事者のレポートをもとに、学校の何が彼らの居場所を奪い、傷つけていったのか。彼らの声から、不登校を一緒に考えていきましょう。

全体会　（開会行事・基調討論　８月１６日（水）１３：００～１７：００）

高生研 2023　東京大会　基調発題　**塚本　徹（静岡）**

「対等な関係性を探る生活指導　～『ケアの倫理』を手がかりに～」

ゼロトレ的な学校管理体制のなかで、生徒の人権を尊重しようと対等な関係性を探ってきました。学年主任として一生徒の退学を止められなかったこと、発達に課題を抱える生徒との関係で学んだこと、職員会議を通してチケット制を無くしたこと。いま管理とケアのはざまで悩む皆さんと共に読み解きたいと思います。

＜一般分科会　８月１７日（木）　９：００～１２：３０＞

１　[特別支援]　過酷な現実（いま）に揺れる生徒に応えるということは　河上　馨

特別支援学校に通う、外国にルーツをもつ高校生タクミ。容易には見えなかった過酷な現実に揺れていたタクミを担任し応答しようと試行錯誤した記録を報告する。家庭や交友関係にどこまで踏み込むのか、どんな対応をしていけるのか、考えていきたい。

２　[生徒会・総合学習]　協働の力で、学校をそして社会を変えていこう！　清水直哉（神奈川）

入学した中１のとき、「シネシネ」言うのがとまらなかった子どもたちが、５年間の生徒会活動・総合学習・プロジェクト活動を通して、互いの個性を尊重し合える関係性を育み、社会を変える主体者として成長していった中高５年間の実践を報告する。

３　［HR］　行事づくりの中で生徒の課題に向き合い、支える　　田島直樹（大阪）

田島さんは教員３年目。１年生の担任として教員生活をスタートさせてから様々な生きづらさを抱える生徒と向き合い、支えてきた。行事の中で生徒たちは自分の思いを文字にして語り合う。田島さんは持ち上がりで３年生の担任となった。生徒の成長、変化を実践分析の中で読み解く。

４　[授業]　授業で最も伝えたいことはなに？どんな授業が良い授業？（仮）

村上菜都美・竹澤成那（大阪）

一人ひとりの生徒を大事にする授業をつくるために、２０代教員である私たちの授業イメージが大きく変わった。思った通りに授業ができなかった時、その場で私たちがやっていること、授業と結びついているその他の秋桜での取り組みを報告する。悩みながら私たちがつかんだことを語り、考え合いたい。

＜一般分科会　8月17日（木）　13：30～17：00＞

５　[HR・生徒会]　「あたりまえ」が更新されるとき　　本多茉美（東京）

本校の座席は男女市松模様にするのが「あたりまえ」だった。また、生徒会行事の体育祭は主に男女別球技大会である。それらは、クラスのある生徒にとっては辛い環境であることを知ったリーダーたちは環境の改変に挑むが、そこには様々な大きな壁があり…。　生徒たちと試行錯誤した高校１年生のHRの報告である。

６　［HR］　生徒の人権の尊重と理不尽な校則の壁　　森　百恵（静岡）

本校の頭髪指導に対して反発する男子生徒Ａ。時代に合わない指導内容に対して保護者からも不信感を抱かれる。生徒の人権を尊重しながら生徒指導を行うことの限界について深く考えた日々。今一度、教育現場における生徒の人権尊重について一緒に考えてみませんか？

７　［HR］　学校は楽しく！生徒が学校生活をつくるとき　　佐藤理河（北海道）

「本当は来たくなかった」。いわゆる「逆流」でやってくる生徒に向き合って、楽しくなければ学校じゃない！HRづくり。強まる管理と統制、何も変わらない無力感、「ヤラされ」感から生徒の声を聞き、ルールを変え、なくされた行事を復活させるとりくみ。

８　［HR］　文化祭～カップは踊る、されど回らず～　　西尾健佑（大阪）

昨年度受け持ったクラス２９人の文化祭実践。ヤングケアラーや気持ちが不安定な生徒など問題を抱える生徒も少なくない。しかし、前向きな生徒が多く、文化祭の出し物はコーヒーカップに決定。ノウハウも無いなか、試行錯誤し文化祭前日に完成したコーヒーカップ。ところが試運転で回らない。リーダーは心が折れて泣きだす。やり方を変えて何とか本番を迎えるまでを中心に報告する。担任としてもっとできたことは？

交流会　8月16日(水)　17：30～19：50

① 外国にルーツを持つ高校生たちの声を聴く
② 西郷孝彦世田谷区立桜丘中学校元校長を囲んで　～校則を無くした学校づくり、その問題点と課題～
③ 基調発題のあとで 語り足りなかったことをぜひ！

交流会　8月17日(木)　17：30～19：50

④ 「こだまカフェ」　～今、私が直面していることから～
⑤ 成城学園ツアー　～成城学園の「自由教育」を学び、学園内を見て歩く～
⑥ ジャズを聴ける店にいってたのしむ（参加者負担3,500円）※終了時刻は未定
⑦ 発言したいと思えるクラス活動を通して身についたこと

＜問題別分科会　　８月１８日（金）　９：００～１２：００＞

１　愛着障害とセクシュアリティ　～児童養護施設、大友実践をもとに～　　森　俊二（埼玉）・中田沙希（埼玉）

今、新自由主義のもと虐待的環境や過干渉のもとで育つ子どもが増えている。また、LGBT という言葉が認知され、セクシュアリティに悩む子どもが可視化されつつある。愛着障害とセクシュアリティの問題は教師が子どもと向き合ううえで重要な視点となっている。ここでは、児童養護施設職員である大友がＲとの関わりを描いた実践をもとに、愛着障害とセクシュアリティについて考えたい。

２　対話と共同によるナラティヴ（語り・物語）の生成とエンパワーメント　　藤本幹人（滋賀）　見波由美子（埼玉）

渡部基調（2020、'21 年）を、「ケアと対話」「ナラティヴ」「共同」「エンパワーメント」の視点を参照し、次のように問うことで深めたい。「性自認に悩むMが、なぜ、卒業式でスカートをはく決断ができたのか？」「『思うとおりに言うことをきかす』指導が幅を利かせていた学校で、なぜ、Mのスカートが受け容れられたのか？」。

３　地域高生研の「外」と「内」をつなぐ～教員が高校生・保護者・卒業生・市民から得るもの～　報告：熊本高生研

「高校生を市民に！」それが私たちの目標。しかし高校の教員の取り組みや学びだけで達成するのは難しい。だから熊本高生研は〝市民〟と手を繋いだ。高校生も大学生も、親たちや議員だって熊本高生研の例会に参加し共に学んでいる。私たちはそれがシチズンシップ育成への近道であることを知っている。...

４　高校生が一般質問で地域を動した－模擬議会の取り組み－　　酒田　孝（青森）

生徒が模擬議会での一般質問に取り組んだ。生徒達は 12 の班に分かれ、町議員の指導を受けながら準備を進め、最終的には議会側から絶賛されるような一般質問を行うことができた。模擬議会を通して生徒はリアルな政治を学ぶと同時に、地方の自治体が抱える困難についても学んだ。質問は町議会にも影響を及ぼした。

＜高生研大会会場　周辺アクセス＞　　成城大学のアクセスはこちら→

（新宿より小田急線急行「成城学園前」駅。徒歩4分）　https://www.seijo.ac.jp/access/

＜参加案内＞

参加費　全日程（3日）参加　４，０００円

２日参加　３，０００円

１日参加　２，０００円

高生研会員（※会員会費還元により１～３日参加一律）２，０００円

学生・保護者　１，０００円（ただし大会実行委員として参加した場合は無料）

オンライン参加※　１，０００円

※オンライン参加の場合、紀要はPDFファイルをダウンロードして参加して頂きます。
問題別分科会は限定的です。

申込み方法

「高生研全国大会２０２３東京大会参加申込フォーム」（https://kouseiken.jp/Taikai/）
からお願いします。下記QRコードから簡単にアクセスできます。

オンライン参加の申込締切８月１０日、対面参加のフォーム申込み締切８月１４日

宿泊　各自でお取り下さい。宿泊施設の予約はお早めにお願いします。
小田急線沿線、特に町田方面がお薦めです。

＜大会に関する最新の情報・問い合わせ＞

「高生研大会ブログ－18歳を市民に－」https://kouseiken.jp/Taikai/

中西治（高生研大会グループチーフ）e-mail：taikai-chief@kouseiken.jp

特集1

「ジェンダー」が自分たちの問題になるとき

性差別や異性愛中心主義が染みつく学校で、苦しむ生徒を前に「どうにかしなきゃ」という思いにかられたり、そのような社会に教師自身が疑問を感じて、動きだしたりすると、必然的に軋轢が生じます。それでも踏み出した一歩から、どのような可能性が広がったのか。

他人事であったことがらが、いかに「自分たちのもの」となり、硬直化していた構造をも問い直す動きにつながったのか。そこには教師や生徒によるどのような働きかけがあったのか。4本の実践から探ります。

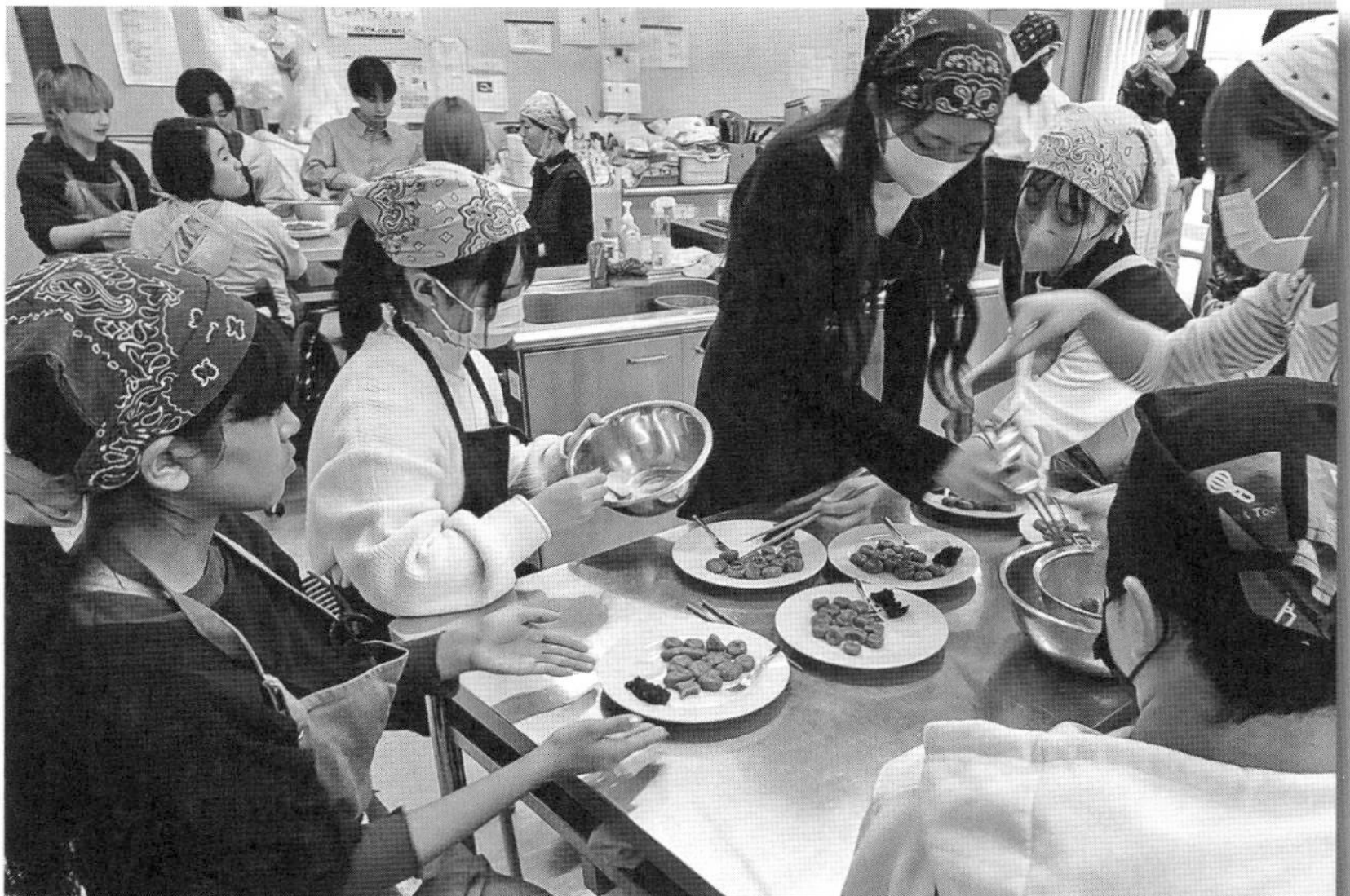

特集1

「ジェンダー」が自分たちの問題になるとき

実践記録①

あたりまえが更新されたとき
―男女市松座席―

和光高校　本多茉美

本稿は、私が担任した2020年度1年6組HRの実践記録である。

1　後藤さんからのアプローチ

後藤さんからSOSをもらったのは、コロナ自粛明けの6月下旬、体育で着替えが必要になってからだった。調査書には「LGBTQ」と母親が記載していたのは知っていたが、本人からは何もアプローチがなかったので待っていた。後藤さんに相談があると非常階段のところに呼ばれた。着替えに困っている。何か対策はないか。中学では保健の先生がどうにかしてくれたが、和光で保健室は行ったことがないからまみちゃんに相談したと言われた。和光でどうしていきたいか、具体的な要望、中学でしてもらっていた対策についてなど話を聞いた。最後は、いつかクラスに話をできるといいが、まだどんな集まりかわからないので、わかってからねという話で終わった。

すでに後藤さんは図書委員になっており、その会議で他学年や他クラスの生徒と関わることが増えていた。自分がトランスジェンダーであることを唯一他クラスのEに話していた。その後、10月末にあった国語のスピーチで自分について発表していた。少し話を聞いてみると「上手に話せなかった。でもみんなしっかりと聞いてくれて嬉しかった。このクラスなら受け入れてくれると思った。めっちゃ緊張したけど言えてよかった」と言っていた。後藤さんがじわじわとクラスに発信をしていたちょうどそのタイミングで、三役から2回目の席替えを行う原案がクラスに提案された。

2　席替えを通じて見えた問題

11月12日の三役会で席替え原案の準備をした。ここでは、前の席替えで配慮してほしいと言われた聴覚過敏のT、紫外線にあたれないE、授業に集中したいNと後藤さんを今回はどうするかと話し合われた。TとEは診断書も出ていて配慮するが、Nと後藤さんが出した『授業に集中したい』は配慮の対象外とする」と提案することになった。どの席に居ても集中できるクラス作りを目指し、注意し合える関係性を作っていこうというのが三役会の理由だった。翌11月13日のHRでは、文化祭総括が長引き、少し時間が押している中での席替え提案になった。「授業に集中したいは配慮しない」という提案に対してNからは「だったら集中できる環境をみんなで作ってほしい」と要望が出され、そのように目指す確認を三役がした。その後、採決で席替えを行うことが決定し「くじを引きしましょう」となったところで…後藤（G）さんが手を挙げた。

G「これ、今日、絶対席替えしなくちゃだめ？」三役「へっ?!、採決で決まったし、するよ」G「強行？」三役「ちょっと待って、何かある？」G「いや…」

司会していた三役が私に助けを求めてきた。時間は3分ほどしか残っておらず、多くの気持ちがすでに食堂や昼食へと向いていることを感じた私は「席替え、帰りの会でもいいよ。みんなに聞いてみたら？」と応えた。三役「じゃあ、一旦ここで止めて席替えは帰りの会でいいですか？」反応は「いいよー！」「まじかー」などさまざまだったが、後藤さんの目には涙がこぼれていた。そして後藤さんから紙切れが三役に渡された。

「勉強に集中したいは表向きなことで、本当は後ろの方にいると自分の性別が女だとくくられていると思ってしまうからなんです。前の方の席じゃだめですか？」

後藤さんは昼食を食べられないほど泣いていたので、心配する三役には（コロナ禍で昼食時間を逃すとその後で食べることができない為）昼食を食べるように伝え、私が非常階段で話をした。私「どうした？大丈夫かい？」G「はい。どうしたらいいのか」私「そうかぁ。よく頑張った。そうだったんだね。紙のこと知らなかったよ。教えてもらえる？」G「座席の市松模様をどうにかしたい。市松模様で気分が悪くなる。自分は女なんだと言われている気持ちになって息苦しくなる」私「だから最初のときには集中したいって言ったんだね。でも、三役の提案はわかる?」G「提案は、その通りだと思う」

気持ちを三役に紙でわざわざ渡すぐらいにどうにかしたいという思いに寄り添っていいと思った。クラスのみんなが後藤さんの理解者になれるとも思った。私「クラスに伝えるにあたって何をどこまで伝える?全部じゃないよね?」G「着替えとトイレのことかな」私「席替えを延期にして、Gの話をクラスとしてどう考えるか話すのはいい?」G「うん。国語のときに大丈夫と思ったから」私「また作戦会議しよう」その後、翌週のHRまでに後藤さんとは数回話した。もっと聞きたいという思いだった。後藤さん自身も整理がついていないことや分からないことが多々あったため気持ちを整理するためにも三役会に向けて思いを書こうという話になった。まずは三役だけに話して反応をうかがってみることになった。

11月19日の三役会は後藤さんも含めて開かれた。HR後の紙切れについて聞きたいため三役もそれを望んでいた。後藤さんが改めて書いた文章を黙読してから話し合った。三役「あぁーそういうことなんだね。もう少し色々聞いても良い?」という反応。興味を持っているようすが私は嬉しかった。後藤さんは何でも聞いてほしいと言って答えていった。三役「クラスとして配慮できる部分を知りたい」G「自分でもその場にならないとわからないことが多い。…男の子として接してほしい。このことは知っておいてもらってもいいかも」三役「私達も初めて気持ちを知ったから、このことを明日のHRでやるのは無理かもしれない」「学習したい」や「色々考えたい」という声が上がる。コロナ禍で短い時間しか一緒に過ごせないからこそ「安心して過ごせるクラス・居場所にしよう」と伝えていたので、このような声が上がって嬉しかった。でもこの雰囲気が自然と出来上がっていたわけではない。例えば、三役会に参加する議長Mは当初「難しい話はオレには無理」と考えるのを止めていたため、会議前に話す機会を設け粘り強く信じて問い続けた。この議長の「後藤さんは後藤さんでよくない?もしかすると傷つくこと言われるかもしれないけど、それは俺たちでというか、理解者が伝えていけばいい。後藤さんは後藤さんで女でも男でもないんだってことじゃん」ということばに後藤さんは驚きながらも嬉しそうだった。次のHRでは気持ちも完璧に理解できたわけではないので後藤さんのことではなく、クラスで気になっていることを話すことになった。原案は「今学期の席替えをなくす」とし、理由は「文化祭でお互いを知る上で見えてきた課題やクラスのあり方を三役は話したい」とした。翌11月20日のＨＲにて三役が席替えを行わない理由を伝えた。全体はソワソワしている雰囲気だった。その上で気になることや問題と感じていることを書いてもらい、その後一人ずつ発言してもらった。私が想像していた以上にうるさい問題に思いを募らせている人が多かった。一回のＨＲで解決できる話ではなく、翌週26日の三役会では引き続きうるさい問題の解決方法について、ＨＲに解決策案を提案することとなった。その提案は翌11月27日のＨＲで話し合われ、可決された。

3　市松座席をめぐるクラスの葛藤

期末考査を挟んで久しぶりの三役会に後藤さんも参加していた。それぞれがＬＧＢＴＱについて学習してきていた。三役会の原案「後藤さんが安心して過ごせない、市松座席をなくす」を提案しようと一致した。輪になって意見を言い合うなどＨＲの流れを確認した。12月７日ＨＲ、全ての机を後ろに下げ、椅子で輪になった状態をみて、委員長のＫが後藤さんについて知っていてほしい内容をＬＧＢＴＱについての話も含め説明した。

「前のＨＲ（11月27日）ではクラスの課題と解決の仕方を話し合いました。一人でも辛い思いをしていたら寄り添おうと確認ができました。席替えの時にも国語でも後藤さんはトランスジェンダー（ＴＧ）と言ってくれました。社会にはＬＧＢＴＱという方々がいて…〈一部省略〉だからといってＴＧを枠でくくることはできなくて、私たちも後藤さんから聞いて学習していくうちにわかったのだけど、ＴＧの人たちの中にも色々な違いがあって、私たちの個性と同じです。後藤さんはトイレも着替えも今はみんなのトイレを使っています。今回、私たちが気持ちよく過ごしている日常が後藤さんにはないということを知り、みんなにも知って考えてほしいと思っています。その一歩が座席の市松模様を崩すという事です。後藤さんは、自分が女で区別されているのが見えると辛くなったりします。だから、前の席替えでは『授業に集中したい』を理由に配慮してもらったのです。市松模様を崩すことを提案したいです。」

輪になって一人一人思ったことを言った。Ａ「してもいいと思う。でも、みんなが静かにできるなら」Ｉ「班活動で一緒になるのが女子、男子だけは心配」Ｂ「１回試してみてはどうか?うるさくなりすぎたら困るから半々の気持ち」D「男子だけの班に自分が一人になるのはちょっと…性別決めたいかも」O「市松崩したくないなら、班で男女の定員決めればいい?」三役も私も必死で意見を聞いていたが、議論を整理する余裕はなかった。C「後藤さんの話は我慢でも直すものでもない。スマホやうるさいのは直していくもの。このことは違う」W「どっちでもいい。バラバラにしても問題が起きるけど、後藤さんが我慢するのも嫌だ」B「なら市松にして、後藤さんの対策を考えればいい」S「どんな形でも我慢する人は出るから、やってみて駄目だったら戻せばいい」H「せっかくクラスに伝えてくれたのだから尊重するべき」E「静かにすることはすぐできることじゃないと思う。『意識する』のはどうしたらいいかみんなで考えるべき」個々の意見はバラバラに感じたが、みんなが本当によく考えている様子が見えた。F「周りが気をつけていけばいいこと。男子だけじゃ不安かもしれないけど、内面を知ることが大切。男子女子ではなく、みんなの内面を見ていけばいい」J「うるさくならないようにみんなで席を考えていくのも大切」Z「変えるならちゃんとした覚悟をもって変えたい。市松を崩してまた戻すのは嫌だから」K「全部を後藤さんに合わせなくてもいい。色んな意見を取り入れたらいい」

最後は後藤さんが「市松模様を変えたいけど、出てくる問題は理解した上で提案をしている。自分は男女が分かれているのがわかるのが嫌。女と察してしまうのがすごく嫌ということをみんなに伝えたかった」と発言した。

このHRを受けてどう思ったか、三役に伝えたいことも含め紙に書いてもらうお願いをし、このHRは終了した。

これを受けて12月10日の三役会では、事前にみんなの意見を読んでから集合した。どういう反応があったのか関心を寄せて読んできているようだった。議論を整理することができなかったこと、特に、後藤さんの悩みがLGBTQにフォーカスされたことを三役会は悔しがっていた。後藤さんへの理解を大切に話をしようということとなり、再び輪になってやりたいという思いが確認された。この決定に私はとても悩んでいた。みんなの意見を紙にまとめて三役原案を出す流れだと想定していた。改めて席替えが先送りにされる原案にクラスは耐えられるのか。反発の声が出ることで、後藤さんだけに限らず、三役自身が傷つくような経験にはならないだろうか、などの思いが沸き起こり、同僚にも相談していった。しかし、その場を最終的におさめたのは自分たちが大切なこと・伝えかったことの説明を上手くできなかったことを悔やんでいた三役たちの強い覚悟だった。うるさい問題と後藤さんの悩みが対比されて話されていることを止めることができず悔やんでいた。後藤さんの思いへのフォーカスが甘かったし、足りなかった。このまま市松廃止案を決議しても、後藤さんの思いに寄り添えるクラスにはなれない、という思いであった。遠慮がちであった後藤さん自身にも勇気を与えているように思えた。

いざHR（12月11日）、前回のように輪になってから、もっと身近なことを例に説明し直し話し合いをした。まずは三役が前回集めた意見を抜粋して紹介した。その後、意見を募ったり、三役が指名したりして進行していった。三役「市松を崩すことでメリハリがなくなるかもしれないことへの対策が必要なので具体的に考えたい」M「何かみんなの中で注意したら嫌われるかもしれないって思ってんじゃん？俺は別に嫌われても大丈夫だから言えるけど、嫌わないよーを前提に注意する環境をつくるとかどう？」D「お互いをもっと知ればいいのでは？席替えで仲良くなれる。まだ仲良くなれてないのかな？」Y「じゃあ、席替えを数回繰り返してみればいい。後藤さんには我慢してもらって」C「我慢してもらってがわからない。我慢させるのはおかしい。みんなきっと異性愛者を基準に見るからおかしなことになるのだと思う。後藤さんが特別なわけではない」三役「やっぱり戻したり、できなかったとなるのは後藤さんの負担になると考えてるからやるならしっかりとした決意をクラスでしたい」F「いまのこの話し合い自体が特別なんじゃないですか？」三役「私達4人では何でみんなに受け入れてもらえないのかわからなくて、考えるのが限界でした。私達はいまもモヤモヤしています。だから、みんなの感じていること考えていることをこの場で言ってください」M「もう、市松とかじゃなくて、髪の毛短い、長いで席替えすれば？後藤さんは特別扱いしてほしくないんだろ？」Z「私は、一人の意見で市松模様を変えるのは違うと思うし平等だと思わないから反対。実際、今の席居心地いいし」他多くの意見が出されたのちに三役が「もう時間がなくなってしまったので、改めて三役が原案を」と引き取ろうとしたときSから三役の意図について疑問が投げられた。S「結局何が決まったの？この話し合い。意見だけでゴールに達してない。解決しないでゴールに進んでない。ずっと同じ感じだとHRの意味ない。（数名がうなずく）」三役「私達が目指しているものは、決まった決まらないのＨＲではない。話し合いだけのＨＲもありだということをわかってほしい。お互いが考えていることを知れた。言い合える関係を構築していくのがＨＲ。この過程を経て言い合える関係が出来上がると思う」という返答にＳは「わかりました」と返答した。

このＨＲでクラス半分半分意見が分かれたと私は思っている。全ての疑問に三役が応えていた。何について話しているかわからなくなった時もあったが、三役が言うように意見を交わせるようになったのが６組の成長だという確認ができたＨＲであった。前回のＨＲ後からじわじわと教卓に人が集まり、私を囲んでＨＲの話をするようになっていた。今回のＨＲ後は、前回にも増して人が集まり止まらなかった。議長Ｍと三役の言い方・伝え方の問題で言い合ったり、三役の想いが伝わったのか、Ｓの発言をどう捉えたか、ＨＲを理解してもらえて羨ましいなど、盛り上がっていた。

次に向け三役は各々で準備をしていた。私は、三役会の場所取りをお願いされただけだった。この日、12月18日は2学期終業日で、1時間目のＨＲ前に三役会が開かれた。三役としての想いをもう一度伝えるために、原案を提示することを決めＨＲに提案した。反対意見が出なかったので、最後は紙で理由を含めて採決をとっていた。一連のＨＲの影響を私が最も感じたのは、この日体調不良で欠席していた（飲酒事件を起こし登校できなかった、教員・学校嫌いだった）Ｗが、夕方通知表を取りに来たときのことだった。出会いがしらＷ「ＨＲどうだった？」私「へ？あぁ。」Ｗ「私さ、沢山考えて。親にも意見聞いたり、地元の友達にも聞いたりしたんだよ。難しい事だから一人じゃわからなくて」私「そーかー。みんな何だって？」Ｗ「そんな難しいことしてんの？って言われた。でも私はどっちにしろ賛成だったけど。だって後藤さんせっかく言ってくれたんだよ。なんでみんなわからないかな？」私「そうだよね。今日市松崩すって決まったよ」Ｗ「よかったー！じゃないとだめだよ〜！」

本当に驚いた。クラスに居られない。クラス替えしたい。６組嫌い。と言い続けていた10月頃からは考えられない発言だった。６組の一人として悩み、考え、その決定に心から喜ぶＷに癒やされた日だった。

市松座席は和光高校で長らく続く慣習となっていた。クラスの決め事だけでそこから外れることはできないという判断から、学校側への要求を出していく必要があった。冬休みにはいった12月23日、三役会は自分たちの手で要望書を作成し担任に手渡した。私としては、この思いに学校側が誠実に対応することを祈るばかりであった。学年主任や副校長と相談するなかで、それにどう応えていくかを話した。この日は会議日であり私が関われる時間も制限ある中で三役は自ら学校に集まり要望書を完成させた。年を越した1月8日の始業日、旧となった2学期三役からクラス全体に要望書を提出したことが報告され拍手で喜びが表現された。

文書を提出後、当該学年の学級三役が集まる学年ミーティングに状況を説明した。各学級委員がクラス集団に説明し、特に異論がなければ、当該学年として市松を廃止する方向で学年主任や副校長とは話していた。しかし他クラスの学級委員からは、自分たちの口からでは説明が難しいという反応だったので、急遽、2学期三役が各クラスのHRに説明をしてまわることとなった。各クラスへ出向いた三役は、生徒にのみならず教員のなかにも、6組で話し合い学んでいる中身を理解できていない人がいること、それぐらい難しいことを話し合ってきたのだというこことを感じとってきていた。6組に戻り「最後にみんなも分かっていると思うけど、これがゴールではなくスタートだと思っています。でも、一歩が踏み出せてよかった」と報告する2学期三役に拍手が起きた後、6組は2回目の席替えを行った。

4 ゴールではなくスタート

最初は当該学年のみ認められた市松座席廃止は、今では全学年で廃止となった。次に彼らは、生徒会主催による体育祭の男女枠を変えるよう、全校に働きかけた。彼らの主張のすべてが受け入れられたわけではないが、話し合いを重ねた結果、男女で仕分けるのがあたりまえとされていたルールブックに「望んだ性での参加を認める」の一文が加わった。この一文によって一昨年度は、執行委員会がそれまでの伝統的な枠組み（球技大会）を抜本的に見直す原案を提出した。また、今年度（23年度）には新たに「ジェンダーについて語る会」が行われ、全校的な影響を及ぼしている。

（ほんだ　まみ）

特集1

「ジェンダー」が自分たちの問題になるとき

実践記録②

「子育て」から働き方を考える

―ともにケアする社会を目指して―

英真学園高等学校元教諭　山田真理

1　問題関心

多くの女性たちが「結婚しても働き続けられるだろうか」、「子どもを持っても仕事をするにはどうしたらいいだろうか」と自問したことがあるのではないだろうか？だが、この問いは女性だけに突き付けられていいはずはない。次の世代の女性たちには、そんな思いを続けさせたくないと思ってきた。

本校では人権教育の一環として、デートDVをテーマに毎年講演をお願いしている。ある年、講師が女性から男性への暴力もあるが、圧倒的に女性が被害者となるケースが多い。その背景には日本において、女性の社会的地位が低いことがあると語った。約300人の2年生のうち、2名の男子が、日本では女性の社会的地位が低いなんておかしい、間違っていると反論を感想用紙に記した。日本には女性専用車もあるし、男女雇用機会均等法もある。個人の努力の問題だというのだ。

しかし、実際、日本のジェンダー・ギャップ指数は、146か国中116位（2022年）と、内閣府男女共同参画局総務課が「先進国の中で最低レベル、アジア諸国の中で韓国や中国、ASEAN諸国より低い」と指摘する結果となっている。学校教育の場では男女平等が大原則であり、何が男女不平等なのか、どこにジェンダー不平等があるのか相対的に意識されにくい。「女性活躍社会」が政策の課題になりながら、なぜジェンダー・ギャップが「最低レベル」のままなのだろうか。問題は女性か男性かではなく、このギャップを生み出す社会の構造にあることを生徒たちに気づかせたい。

コロナパンデミックの中で「エッセンシャル・ワーク」という言葉が使われるように、ケア労働[注1]が命に関わる重要な仕事であることが意識された。「ケア論」[注2]によれば、赤ちゃんから高齢者まで、誰かに依存しなければ生きてゆけないのが人間であり、誰かに依存するのは、人として生きてゆく上で避けらないことと捉えられる。したがって、「ケア」は人間にとってなくてはならない活動であるが、これまで「ケア」は私的領域の問題とされ、疎かにされ、しかもそれが女性に押し付けられてきた。

竹信三恵子は、日本の女性の地位が低い背景には、ケアレスの人(家庭で家事育児を支える女性がいる男性、健康で「ケア」の必要のない人)を標準労働者モデルとする雇用状況があると指摘する[注3]。つまり、それが労働者のスタンダードだという。「女性の活躍」が政策として叫ばれながらも、この労働環境のなかで、主に「ケア」を担わされている女性たちが「活躍する」ステージは、男性のそれとは別のところで考えられているのだろう。

「ケア論」に触発され、こうした考え方を生徒たちに問題提起したいと考え、どのような授業が構想できるか、どのような教材が必要か頭を悩ませてきた。「ケア」が注目される今こそ「ケア」を中心に据えた社会を意識した生き方や働き方を考えさせたいと思った。

この報告は、高校「現代社会」において、社会権の学習の後に「現代の労働問題」の単元の中で、「ケア」を意識させ、そこから自分の生き方や働き方、ワーク・ライフ・バランスを考えさせたいと取り組んだ3時間の授業実践である。なお、日本国憲法の社会権の学習の中で、勤労権や労働三権および労働基準法やその他の法律によって働くルールがあることはすでに学習している。

2 授業実践

①授業の目標

授業の目標は、「ケア」が、私的領域の問題であり自己責任として片付けられている社会の矛盾に気づくこと、そして「ケア」を意識したうえでワーク・ライフ・バランスについて考えることとした。

②授業の構想

「ケア」を取り上げる際に、抽象的なテーマにならないように、具体例として子育てをとりあげ、保育所、待機児童の問題から「ケア」が自己責任とされている社会の矛盾に気づかせる。さらに、「ケア労働」がエッセンシャル・ワークとして社会的位置づけを得るために、どうしたらいいのか考察させたい。その手がかりとして自分のワーク・ライフ・バランスについて考えさせる。

③授業の展開

1時間目　ブログ「保育園落ちた、日本死ね」から考える

導入として、私から生徒たちにコロナ禍の中で、「エッセンシャル・ワーク」と言われている仕事は何か？と尋ねた。何人かの生徒から、医療、介護、子育て、食料を支える仕事などがあげられ、それを板書し、これらは「ケア労働」とも言われることを押さえた。

次に、プリントを1枚配布し、匿名ブログ「保育園落ちた日本死ね!!!」（朝日新聞2016年3月4日夕）の記事「なんだよ日本。1億総活躍社会じゃねーのかよ。昨日見事に保育園落ちたわ。どうすんだよ私活躍出来ねーじゃねーか（略）」を読み合わせた。私から、「このセンセーショナルなブログを書いた人は何を言いたかったのか？」と問い、プリントの回答スペースに各自で記入するよう指示した。

続いて、ブログ後の経過を新聞記事を使って紹介した。まず、衆議院予算委員会で山尾志桜里議員が取り上げたのに対し、安倍首相が「匿名である以上、実際に本当であるかどうかを、私は確かめようがない」と答弁。これにツイッターで二千回以上のリツイート「国会でのやり取りを見ていると政府が本気で考えているとは思えない」、「保育園落ちたの私だ」という紙を掲げた人たち（約30人）が国会前に集まる（朝日新聞写真2016年3月6日）という記事を読み合わせた。一人のブログが、国会やSNS上で大きな反響をよんだ。

さらに、自民党公認で比例区から立候補予定の山田宏氏の「生んだのはあなたでしょう、親の責任でしょ、と言いたい」（朝日新聞2016年4月1日）という反論の記事を読み合わせた。この記事では山田氏が党内の会合でブログを「落書きだ」と発言したことも取り上げていた。国会周辺に集まったブログへの共感者ばかりでなく、反感を持った人もいることを紹介した。

最後に、ブログから約2か月後、横浜市の高校生の声を載せた「待機児童問題　矛盾を感じる」（朝日新聞2016年5月12日）を読み合わせた。「私も将来、家庭を持って働くようになれば、同じ問題に直面するかもしれない」という同世代の声は「政権は、女性の活躍の場を広げる方針」なのに「矛盾している」と厳しい。「隠れ待機児童」の問題や住民が「子どもの声がうるさい」と保育所建設に反対し工事が止まっている現状を改善するように、「国はもっと真剣に考えて欲しい」と主張している。

以上の資料をもとに、「ブログ以後の世の中の反応」を読み、どう感じたか、何を考えたか自分の意見をプリントに記入、提出させた。

2時間目　働きながら子どもを育てるために、何が求められているのか考える

まず、前の時間の感想を私がプリントにうち直したものを、いくつか読み、異なる意見があることを知らせた。

「ブログを書いた人は何を言いたかったのか？」については、「ただブログに怒りをぶつけただけ」という感想もあったが、「保育園に入れなければ働けない」「生活に困ってしまうことを知って欲しい」「保育所を増やして欲しい」「現状を知って欲しい」と読み取った生徒が多かった。また、「オリンピックでお金を使うより、保育所の現状を変えて欲しい」、「一億総活躍社会と矛盾している」という点に注目した生徒もいた。

率直に「あまり自分の人生に関係のないことだけど」や「自分には全く関係ないから正直どうでもいいかな」と、前置きした生徒もいた。しかし、今高校生である生徒たちに直接差し迫った問題ではなくても、生きている今、現代社会で起きている問題について考えること、そして自分の意見を述べることがこの教科の学習だと生徒たちには伝えている。

ブログという私的な意見であり、呟きの様にも取れるこの文面から、生徒たちは「〜して欲しい」というブログ主の要求や「国に訴えている」ことを読み取っている。ある生徒は、「すごいな！と思いました。一つのブログでここまで大きくなるのはとてもすごいと思います」と書いている。また、後日「ブログに書くという方法で社会に訴えられることを知った」という生徒もいた。

「ブログ以後の世の中の反応」については、ブログ主や高校生に共感する意見が圧倒的に多かった。以下、生徒たちの主な感想である。

言葉自体は汚いけれど、言っていることはとても的を射ていると思う／保育園が建設されないと少子化が加速されると思う／保育士の給料を上げ、保育士の数を増やし、保育園が増えたらいいと思った／仕事だけではなく、

親や子どもが外とつながる機会を持つ意味でも、子どもを預けられることは大事という意見にとても共感した／子どもを産んだのを親のせいにするのはおかしいと思った／高校生の意見に賛成　など。

一方で「抗議しても国会は動かないと思ったので意味のないことをした」という意見や「こういう問題があることを知らず、保育園に入れないと嘆いても同情できない。保育園には入れない場合の対策をしとくべき。国に訴えるのはよいかもしれんけど、入れるのが当たり前と思い込んでいるやつは頭がお花畑だなーと思いました」、「『産んだのはあなたでしょう。親の責任でしょう』という部分はとても良い。（略）保育園に放り込んでそれでいいのか私にはわからない。安倍首相の答弁はあっている」などもみられ双方を紹介した。

私は生徒たちの感想を読んだときに、後者の意見が出てきたことで、学習が深まる契機になったと感じた。これからこの問題について学習をしていくので、自分とは違う意見を参考にしながら、さらにどう思うか考えていってほしいと伝えた後、２枚目のプリント学習に入った。

まず、待機児童の定義を確認し、グラフによって待機児童が統計上コロナ前まで約一万七千人、コロナ後も約五千人存在することを確認した。次に、ブログが共感をよんだ直後の新聞記事から、なぜ待機児童をなくせないのか、二人の識者の見解（朝日新聞２０１６年3月10日）を読み合わせた。その後、記事の中のポイントとして「家族関係社会支出」のＧＤＰ比がスウェーデン、フランスなどに比較して日本は低いこと、両国は「子育ての分野にお金をかけ」てから出生率が上がったこと、また、ドイツの連邦通常裁判所（ドイツの最高裁）で「財政難という理由では保育所設置の義務を免れない」という判決が下されたこと、スウェーデンやドイツでは、自治体に保育機会を子に与える義務があることなどをプリントの穴埋め方式でまとめた。

さらに、オランダの労働政策の転換の例[注4]を紹介した。ここでのポイントは、パートタイム労働者の働きやすい条件作りが実現したことである。すなわち、パートタイム労働（週35時間以下勤務）の導入や同一労働同一賃金制、短時間労働者差別の禁止（１９９６年）などである。オランダでは、女性が働きたい、働かなければならない状況になった時、もともと「専業主婦の国」だったために保育所が不足しており、「ワッセナー合意」（「妥協の産物」）が実現し、「ワークシェア」（フルタイムを分け合うこと）によって完全雇用を目指す状況が生まれた。その結果、オランダは男女ともパートタイム労働者の割合が以前より増加し、約30年で既婚女性の17％しか働いていなかった国から半分以上が働く国になった。

オランダのように男女とも家事や育児に時間を使える短時間労働を実現させた例から、日本の長時間労働を見直す視点を提供した。オランダのパートタイマーが、低賃金で雇用の調整弁と位置付けられている日本のそれとは異なることも強調した。ここでは、「ワーク・ライフ・バランスを簡単に紹介し、みなさんはワークとライフのバランスをどうしたいかと問題提起した。

2時間目の授業では、新聞記事を使ってヨーロッパの「先進的な」例を紹介したことで、日本の待機児童の解消へのアイデアを提供することができたと思う。

3時間目　日本の労働問題について考える

初めに、あなたは何のために働くのか意見を出させ、私が板書した。お金のため、人とつながるため、社会とつながるため、社会勉強、生活のため、家族を養うため、社会的地位を得る、自由になるためなどが出された。

続いてプリントを使って日本の労働問題について学習させた。プリントの資料として「一人あたり平均年総労働時間の国際比較」「過労死の定義」「日本の過労死ラインの確認(1か月当たりの時間外労働時間の目安)」「ディーセント・ワーク＝働きがいのある人間らしい仕事のこと。権利が保障され、十分な収入を生み出し、適切な社会的保護が与えられる生産的な仕事、それはまた、すべての人が収入を得るのに十分な仕事があること（SDGs目標8参照)」「ワークシェアリングとは何か(一人当たりの労働時間を減らし多くの人に仕事を分配する)」をとりあげ、グラフや穴埋め形式で要点をまとめさせた。

この時間の最後に、ブログ記事からこれまで学習してきたことをふり返りながら、印象に残ったこと、考えたこと、新たに学んだことなどをまとめなさい(子育ては誰がするのか、働きながら子どもを育てるためにはどうしたらいいのかなど）として感想を書かせた。

当初、自分のワーク・ライフ・バランスをどう考えるかビジョンを描かせたいと思ったが、授業を進める中で、具体的な仕事もまだ決まっていない、子どもをどうするのか共に考えるパートナーがいるわけではない高校生に、この問いをぶつけてみてもリアリティがない気がして、最後のまとめは3時間の授業の内容について全般的な感想を書かせることにした。

3　生徒たちの感想から

次の時間の冒頭に生徒たちの感想をプリントにして紹介した。感想からは、子育てが母親だけに任されるものではなく、父親はじめ周囲の人たちの手助けや協力で成り立つことや、待機児童を個人の問題だけにして済まされないことに気づいた生徒たちがいることが分かる。保育士の待遇改善の必要や、長時間労働によって子育てに余裕がないので母親の「子育て鬱」や子どもの虐待がおきると指摘した生徒もいる。精神的にも、経済的にも、時間的にもゆとりのない日本の働き方（働かせ方）、働きすぎ社会の問題に触れる生徒も見られた。

1時間目の感想として「生んだのはあなたでしょう。親の責任でしょう」に共感した生徒は、「いろんな意見や今回の授業を受けて保育所とかのイメージが変わったし、人生を改めたい」と書いた。「改めたい」はオーバーだが、「考えたい」ということと受け止めた。「ブログのタイトルを初めて見たときはびっくりした」、「最初は言い過ぎではないか」と思ったが、「だんだんと共感できる部分も増えていった。保育園の数が少なすぎるなどの問題が多いと分かった」という生徒の感想があったことからも、ブログの主張の背景に日本の子育てや家族政策が他の先進的な国と比較して劣っていることという指摘や、自分とは異なる他者の意見を、時間をかけて知ることによって、自分の考え方の検証ができたのではないだろうか。

他方、最初の感想で「同情できない」と書いた生徒は、「私は保育園に入れるのが当然と思うべきではないと思った。国に訴えるのはよいが、保育園に入れなかった時のことも考えておくべき」と最後まで変わらなかった。

4　授業を振り返って

保育所に子どもを預けられないために働けないという具体的な事例を通じて、勤労権が侵害されたり、ディーセント・ワークが実現されなかったり、一人ひとりのワーク・ライフ・バランスが崩されたり、様々な課題を抱えている現状を生徒たちは見ることができたと思う。

生徒たちはこれまでもそうだったし、これからも「ケア」を受けたり、提供したりしなければならないはずである。そのことを優先させた社会であっていいはずである。そのためには、働きすぎといわれる日本で短時間労働を実現させ、「ケア」を、社会全体で担っていく仕組みや制度、政策が必要だろう。

1年間の授業の最後の感想では、ワークシェアリングに関する感想が複数みられた。「とてもいいと思った」、これによって「仕事を失う人が減り、短時間で効率もよく会社も多くの仕事をこなせ、労働者側は自分の自由な時間が増えてWIN-WINの関係になると思った」と評価している。また、「日本の国などがすべきことは、誰もが働きやすい環境を作って、待機児童をなくすためにお金を使うことだと思った」、「働きやすい環境が必要だ」と書いた生徒が数名いた。彼らには、自分の就職する会社がそうなっているかどうかという私的な問題ではなく、「日本が」「社会が」と制度や社会全体への視点が育っているのではないだろうか。これは、政治家が「親の責任」として私的領域の問題と片付けようとしたことが、実は公的で政治的な課題であると、生徒たちが気づいたといえるのではないだろうか。

また、「現代社会の授業を受けて学んだことは、人は何かしらの権利を持って生きているということです。自分より立場が上だからということで我慢する必要はなく、これは間違っていると思ったならば、訴えてもいいし、反論してもよいと学びました」と書いた生徒がいる。別の生徒は、「一人で考えるのではなく一緒に考え行動するということがわかった」と書いた。これらは、憲法学習で人権の内容だけではなく、判例の学習を通じて裁判に訴えることで法律や制度を変えてきた人がいるという事実、今回のように一人のブログの発信から始まって、国会での議論がおきたり、多くの人たちの共感や連帯が見られたという事実を知ったことがきっかけではないかと考えている。

（やまだ　まり）

注1　この実践では「ケア労働」を、保育、介護、看護などのケアを行う有償労働だけでなく、家庭内のケア（子育てや介護など）を行う無償労働も含んだ概念として使用している。

注2　ジョアン・C・トロント、岡野八代訳・著『ケアするのは誰か？―新しい民主主義のかたちへ』白澤書店2020／ケア・コレクティブ著、岡野八代他訳・解説『ケア宣言―相互依存の政治へ』大月書店2021

注3　竹信三恵子『家事労働ハラスメント―生きづらさの根にあるもの』岩波書店2013／『「女性の活躍推進」の虚実（「都市問題」公開講座ブックレット）』2015

注4　竹信三恵子2013　180〜192頁

特集1

「ジェンダー」が自分たちの問題になるとき

実践記録③

近すぎて遠すぎる性教育

私立中高一貫校　**遠藤玲香**

私が勤めている学校は、中高一貫コースに加え、高入生が所属する特進コースや強化指定部の生徒が在籍するコースがあり、多様な生徒が通っている。この学校に勤めて今年で8年目。これまで、社会科・地歴公民科や道徳の授業、HRなどで、性教育に取り組んできた。

性教育に取り組む「私」の物語

性教育の研修や勉強会でよく話題にされるテーマの一つが、「私と性教育との出会い」だと思う。性教育は、教科書がない教育だからこそ、授業者の「なぜ性教育に取り組むのか」という思いが、色濃く反映されるものだ。そこで、まず私が性教育を実践するに至った経緯を紹介してから、具体的な実践内容の報告を行う。

①学校教育における「性」の問題との出会い

私の出身大学の教育課程論(教職課程の必修講座)では、性の「隠れたカリキュラム」がテーマの一つとなっていた。「隠れたカリキュラム」とは、公のカリキュラムが示されている授業科目以外の場面で、児童・生徒が何らかの行動様式を獲得するという教育効果のことである。性に関することで言えば、例えばリーダーシップを発揮するような役割を男子生徒が、手先を使うような役割を女子生徒が担う、というケースが多く発生することで、合理的な理由がない性別役割分業意識が再生産されることなどが問題として挙げられる。近年、「アンコンシャス・バイアス（無意識の偏見）」という言葉がメディアに登場するようになったが、この講座は、性におけるアンコンシャス・バイアスが、学校教育の中でどのように形成されるのか理解させることが目的だったのだろう。この講座を受ける中で、私は日本の学校教育における「性」の取り扱いについて大きな問題意識を持つようになったが、そこには「社会的弱者としての女性」という自覚が芽生え始めていたことが背景にある。

②「社会的弱者としての女性」という自覚

私は10歳の頃に両親が離婚し、母子家庭で育った。母と二人の姉、女だけの家族。加えて、通っていた中高一貫校も女子校。私にとって、家計を支えるのは女性で、リーダーシップを発揮するのも女性で、数学が得意なのも女性だった。こうした環境のためか、バイアスがかかった「女性」という自意識は、ほとんど芽吹かなかったように思う。そんな私が、自分自身を「社会的弱者としての女性」だと認識し始めた、二つのきっかけがある。一つは、大学時代にアルバイト先で、男性のマネージャーから「これだから女は感情的で議論にならないのだ」と一方的に非難されたこと。これは、「女性」として扱われることに免疫がなかった私にとって、悪い意味で、画期的な体験だった。これ以降、私は「男性の方が」「女性の方が」という男女の対比で語られる言説に否応なく触れることになるが、こうした言説に触れるたびに、私は意気消沈し、憤りや悲しみを覚えるようになった。

もう一つは、大学の講義を通じて、貧困の背景に経済的な資本だけでなく、文化資本や社会的資本の不足があると知ったことである。もしも、私の母が大学入試を経験していなかったら。もしも、祖父母が私たちの近くに住んでいなかったら。つまり、私の母に文化資本や社会的資本がなかったら、母は苦しい思いをしてでも、私たち姉妹を大学に入れようとは思わなかっただろう。あとほんの少し、私の人生を横にずらせば、そこには避けては通れない貧困がある。このように、社会的立場においても、経済的にも、日本社会において女性は「弱者」であるということを、私は大学生活の中で理解していった。こうした「社会的弱者としての女性」であるという自覚は、性に関する授業だけでなく、社会科・地歴公民科の授業における通奏低音となっている。ことあるごとに、私は言う。

「このクラスには、20人の女子生徒がいます。現在の統計データを基に考えれば、16人の生徒が結婚をし、そのうちの12人の生徒が子どもを産みます。調査によっても異なりますが、結婚した夫婦のうち、30％前後が離婚するというデータもあります[1]から、低く見積もっても2人の生徒がシングルマザーになります。そして、シングルマザーのうち半数以上が相対的貧困に陥るので、このクラスでは、確率的に、1人の生徒が貧困になります」

「日本は、生まれた時に女性に割り当てられただけで、クラスの女子のうち1人は、貧困になるリスクを背負わなくてはならない国です。私は、そんな日本社会をおかしいと思っています。あなた達や、あなた達の子どもが生きる社会が、今より少しでも〝マシ〟になってほしいと思って、授業をしています。どうか皆さんも、自分たちが生きる社会をどうしたらもっと〝マシ〟にできるか、私と一緒に考えてください」

実践報告

ここから、具体的な実践報告に移っていく。なお、実際の授業で使用したプリントや資料などは、末尾のＱＲコードから参照されたい。

①「近すぎる」性教育

性教育から教員を遠ざけるもの。その一つとして、「性の問題の当事者がいる場合、どのような配慮をすべきか分からない／自分の言動や教え方に自信が持てない」ということが挙げられるのではないだろうか。その懸念は、正しいと思う。たとえどんなに配慮して、傷つけたくなくても、性に関する授業は、たびたび生徒を傷つけてしまうものだ。ここでは、実際に私が生徒を傷つけてしまった事例を二つ紹介する。

一つ目は、原因が分かっているケースだ。私が社会科・地歴公民科の授業で性教育を行う時は、まず性の構成要素についての授業を行い、その後、出生時に振り分けられた性、性自認、ジェンダー、性的指向の各領域で、どういった差別や格差の問題があるのかについて触れていく。その際、重要な資料となるのが、当事者の声である。自分自身のセクシュアリティに違和感を抱えて学校生活を送る中で、いじめなどの差別を受け、さまざまな困難を抱えてきた生徒たちの声。レイプ被害を告発し、それによってセカンドレイプに遭ってしまった人の声。同性婚を認めない日本の法律は憲法違反であると訴える裁判に参加した人の声。これらの声は、性の問題に無自覚でいることができた多くの生徒にとっては、性の問題を「自分ごと」として捉えてもらう上で、なくてはならない大切なものである。しかし、すでに性の問題やその他の領域で「痛み」を抱えて生きてきた生徒にとっては、その痛みやトラウマを思い出す引き金となってしまう。

実際、こうした当事者の声に触れたことで、授業を受けることができなかった生徒がいる。それは、「自分のセクシュアリティに違和感を抱える生徒にとって、学校生活はどのような苦痛を伴うのか。それを軽減するために、どのような工夫が必要なのか」について考える授業を行った時のことだ。ある一人の生徒が突然プリントをぐしゃぐしゃに丸め、机に突っ伏してしまった。これは何かあるに違いないと思い、授業後、その生徒から話を聞いた。すると、授業中に視聴させたトランスジェンダーの子どもと母親に対するインタビュー動画や、資料として配布した「性的指向および性自認を理由とするわたしたちが社会で直面する困難のリスト(第3版)」(ＬＧＢＴ法連合会、２０１９年)から、いじめられていた過去の記憶がフラッシュバックしてしまったということだった。そこで、今後の授業内容を説明した上で、授業の時は保健室で休むことを提案したが、その生徒は「本当にしんどくなったら授業中に保健室へ行く」と言って、教室で授業を受け続けた。

二つ目は、原因が分からないケースだ。私は性の問題を取り扱う際、必ず、次の話を初回の授業でしている。

「これから性の問題について授業を行っていくけれど、みんなに必ず守ってほしいことがあります。それは、この授業で知ったことや私が言ったことについて、『キモい』とか『おかしい』とか、マイナスの言葉を使わないこと。たとえ心の中でも思ったとしても、その思いを口に出さないでほしい。なぜこんなお願いをするかというと、ここには、性の問題で実際に辛い思いをしている当事者がいるからです。あなたたちの中にも当事者がいる、と思って私は授業をしています。たとえそうでなくても、少なくとも私自身が性的マイノリティなので、あなたたちからマイナスの言葉が授業中に出てきたら、先生だって傷つきます。最後に、未来のあなたたちの中に、高校まで気づかなかったけれど、自分は他の人と性の在り方が違うんだって悩む人がいるかもしれない。実際、私が性の問題の当事者だとわかったのは、高校卒業後です。未来のあなたたちに呪いをかけるような言葉が、この授業の中で生まれてほしくないと願っています」

このように、授業のルールについて話をしていた最中に、体調を崩してしまった生徒がいる。おそらくこの話の中に、その生徒の「痛み」に触れる何らかの要素があったと考えられるが、生徒から詳しくその話を聞くことはできなかった。その生徒は、自ら、今後は授業の際に保健室に行きたいが、授業は受けたいのでＺｏｏｍでつないでほしいという要望を出してくれた。結局、全4回の授業のうち、最初の授業を含めて3回を保健室で過ごし、最後の回は他の生徒と一緒に教室で受けた。

二人のことに思いをはせると、「こらだ」という言葉が頭に浮かんでくる。「こらだ」とは、精神科医の中井久夫氏が生み出した言葉で、「こころ」と「からだ」という、私たちが便宜上区別している2つの領域が、混ざって不安定になっている状態を指しているそうだ。例えば、恋をした時に、ささいなことで心臓がドキドキしたり、普段なら気にならないことが気になって仕方なくなってしまったりするのも、「こころ」と「からだ」の境界線が混ざり合って、コントロールできなくなってしまっている状態だ。この「こらだ」という状態について、臨床心理士の東畑開斗氏は、次のように話している。

「こらだが現れると、プライバシーのために閉じられていた場所が、他者に開かれる。こらだはコントロールが効かないから、他者を巻き込んでいく。」(2)

まさに、性の問題は「こころ」と「からだ」にまたがる、非常にプライベートな領域だ。そして、私もその授業を行うために、「こらだ」になるギリギリのところまで自分の痛みを開示し、生徒に近づこうとする。すると、生徒もまた「こらだ」に近づいていってしまう。二人の生徒が授業を受けられなくなったのは、私の「こらだ」が、あるいは資料に投影された様々な人の「こらだ」が、彼らを巻き込んだからだと思う。そう考えると、こうした授業のやり方を継続するべきか、非常に悩ましいところがある。

しかし、私はどうしても生徒の「こらだ」に触れたい。私の「こらだ」に、触れてほしいとも思う。それは、触れ合うことによって、私たちは互いの「痛み」を癒せることもあるからだ。これが、正解かどうかは分からないが、私と生徒が一緒に学ぶことができるギリギリのラインを、今後も見定めていきたい。

②遠すぎる性教育

社会科・地歴公民科の教員にとって、性教育は、少なくとも「ラメセス2世がアブシンベル神殿を建てた」という話をするよりも、よほど生徒に「近い」教育であると思う。

しかし、それでも生徒との「遠さ」を目の当たりにする機会がある。

高校3年生の公民系選択科目において、レイプ被害を告発した伊藤詩織さんを授業で取り上げた。当時、伊藤詩織さんが加害男性を訴える民事裁判を起こしており、裁判の進捗がたびたび報道されていた。その中で、ネット上では伊藤詩織さんに対するバッシングも散見されていた。「現在進行形で発生している〝レイプされた被害者が悪い〟というセカンドレイプの問題を取り扱えるのは今しかない」と思い、題材を決めた。授業の中で、伊藤詩織さんを取材したBBCのドキュメンタリー映像〝Japan's Secret Shame〟(『日本の秘められた恥』)を視聴し、感想を共有する時間をとった時、ある男子生徒が「(伊藤詩織さんは)こんなに美人だから、仕方ないんじゃないですか」と発言した。私はすぐにその発言を拾い、「例えばパン屋で、いい匂いをさせているからという理由で、客がお金も払わずにその場でパンを食べたら、責められるのはパン屋ではなくその客だ。なぜ女性が美人だと、レイプをした男性ではなく、美人だった女性の責任になるのか?」と問いかけた。その授業の最後に回収した感想シートで、女子生徒から「先生の問いかけを聞いて、初めておかしいと思った。私も、仕方ないんじゃないかと思っていた」という感想をもらった。

私は、美人だから仕方ないと発言した男子生徒よりも、私が問い掛けるまで不条理に気付けなかった女子生徒の方が、はるかに「遠さ」を感じる。女子生徒が男性中心な日本社会の価値観を内在化させていたのは、生きていく上で当然の生存戦略だ。この時、もしも男子生徒の絶妙な「アシストパス」がなければ、女子生徒にとって「自分ごと」となる授業を行うことはできなかっただろう。

③呼応する性教育

ここまで述べてきたように、性教育は、痛みを背負ってきた生徒にとっては「近すぎて」、違和感なく日本社会や学校生活に適応してきた生徒にとっては「遠すぎる」。そんな性教育をする上で、私が大切にしていることは、「まずは私から」である。

例えば、自分が高校3年生の時の、母親の年収。ずっと周りの恋バナについていけなかった話。自分が「パンセクシャル(全性愛)」だと気付いた時の話。ゲイやレズビアンなど、同じ性的マイノリティの人と話しても、共感できなかった時の話。管理職の一人から、「同じ年齢なら、俺だったら男（を専任教諭）にするけどね」と言われた時の話。

　私はこういった話を、性の授業の時だけでなく、社会科・地歴公民科の授業で、HRで、あるいは放課後の雑談でしている。それは、「まずは私から」差し出せば、生徒がそれに応えて、生徒自身の悩みや苦しみを共有してくれることがあるからだ。

　昨年の夏休みに、こんなことがあった。現在中学3年の担任をしている私は、「サロン」と題したZoomを使った交流の場を、たびたび設けている。担任をしている生徒が入学した2021年度はコロナ禍の影響があり、行事がなくなったり、オンライン授業になったりする頻度が高く、そうした中でも生徒同士が交流できるようにと始めたものだ。具体的には、土曜日の夕方などに学年の生徒全員にZoomの招待を送り、参加したい人だけ任意で参加してもらっている。中学2年の夏休みには、林間学校が中止になったこともあり、「林間学校で生徒同士が話しそうなことをサロンのトークテーマにしよう」と思い立ち、「恋愛や性の話」をテーマにサロンを開いた。この時、偶然にも男子生徒が比較的多く集まり、「自慰ってどれくらいの頻度でしてる？毎日すると身体に良くないってほんと？」など、普段の生活では聞きづらい互いの悩みや疑問をオープンに聞き合うことができた。参加者はZoomでの表示名を本名とは異なる「サロンネーム」にしており、基本的にはカメラとマイクをオフにして、チャットで質問や意見を打ち込んでいた。また、たまたま隣のクラスの男性の担任も参加してくれていたこともあってか、聞きやすい場になっていたのかもしれない。とはいえ、女性教員である私を前にしても、臆せず疑問や意見を言ってくれるような関係をつくることができて、私としては嬉しいできごとだった。この時、恋愛や性にどれくらい興味を持っているか、という参加者からの質問に、「すごく興味があって、自分って変態なのかなって思っています」や「全然興味がなくて、周りに置いて行かれているのかなって思います」などの意見が出てきたことは、生徒同士が「悩んでいるのは自分だけではないのだ」「いろんな考えの人がいるのだ」と気付き合える、とても大切な機会になったと思う。

　このサロンで得た「恋愛や性に対する欲求や関心は人によって大きく異なる」という事実を知ることが、生徒の悩みを軽減したり安心させたりする、という体験を、中学校の道徳を利用した性の授業に活かすことにした。具体的には二点あり、一点目は性的指向についての授業の中で、「アセクシャル」や「アロマンティック」についても取り上げ、恋愛や性に対する欲求や関心に大きく個人差があることを伝えた。二点目は、ホモソーシャルについて紹介したことだ。発達段階を考えた時、異性恋愛や下ネタの話題についていけない男子生徒を排除する傾向が現れ始めるだろうと考え、「同じ男だから、女性の身体や下ネタが好きだろう、と決めつけて、その話題を強制したり、その話題で盛り上がれない人を『ノリが悪い』と批判したりすることは、あなたたち自身が生きづらい社会をつくってしまうんだよ」と伝えた。

授業の感想を回収すると、「情報が多すぎて難しい」「複雑すぎて面倒くさい」という意見が多く（とほほ）、改めて性教育の「遠さ」を再認識した。一方で、「私の言ってほしいことを全部言ってくれてスッキリした」とか、「まずは相手のことをよく知ろうと思った」などの感想もあり、伝わった喜びも感じている。

性教育の「ほどよい」距離感を見つけることは、とても難しい。それでも、私は性教育を続けていく。なぜなら、性教育が向き合っているのは、「分かり合えない私たちが、どうやって共に生きていくのか」という私たちの人生そのものだからだ。性教育を通じて、生徒が互いに尊重し合うことを学び、分かり合えなくても、互いの気持ちを分かち合える喜びを、学校生活の中で実感していってくれたら、これほど嬉しいことはない。その希望を胸に、これからも試行錯誤を続けていきたい。

（えんどう　れいか）

(1)「離婚『3組に1組』説の真偽は？　専門家が本気で計算」『日本経済新聞』２０２２年5月14日、https://www.nikkei.com/article/DGXZQOUD132R20T10C22A4000000/（取得日、２０２３年４月15日）
(2)東畑開斗『居るのはつらいよ―ケアとセラピーについての覚書』医学書院２０１９年、83頁

※授業で使用したプリント・資料は下記ＱＲコードから

特集1 「ジェンダー」が自分たちの問題になるとき

実践記録④

教師のライフコースと目の前の生徒に向き合って授業をつくる

―高等学校家庭科子どもの生活と保育分野から―

高等学校家庭科教諭　相浦知子

公立高等学校の家庭科教師31年目になる。家庭科は、ジェンダーに向き合う場面がとても多いと感じている。科目の内容として、人の一生と家族・家庭及び福祉、衣食住、高齢者との関わりと福祉、消費生活・環境がある。生活を主体的に営む知識をつけることが目標の一つなので、生徒自身の考え方、日々の暮らしや育ちの背景が表に出やすい。また、教師側も自分の生活や背景を例えにし、授業を進められる（良し悪しは別として）。

教師として生徒に対応するときに心掛けていることは3つある。1つ目は「男女」をなるべく使わないこと。荷物を運ぶときは「今力が出せる人、○名募集！」、教室カーテンの取り外しなども、作業内容を言って「スカートよりも、ズボンの方が（下着が）見えなくていいかな?」とする（女子の制服にスラックスがある）と、生徒は周りを見ながら、背の高い人やズボンの人が「やります！」と出てくる。作業を明確に示すことで、性別は関係なくなる。2つ目は生徒の敬称は「さん」で統一すること。心がけて10年になる。最初は「他人行儀」や「違和感がある」と生徒に言われ、途中から「くん」「さん」「ちゃん」など、本人が希望する敬称に変えたが、今の勤務校に異動してから徹底したところ、特に異論はない。3つめ目は誉め言葉を多用し、否定的なことは言わないこと。正解がある問は極力指名しない。多用するのは「すごい！」「すばらしい！」など。私が予測した答えでなければ「なるほど」「そういう考えもあるか！」と、とにかく受け止める。以前は性別に関係なく大人びた発言で「かっこいいね！」を使っていたが、昨年授業中に思わず口にしてしまい、ジェンダー的な意図ではないが訂正し、謝った。生徒は「先生がそんな風に使ったと思わないよ」と言ってくれ少し救われた。容姿に関することは、意図しなくても使ってはいけない。結局この3つは生徒と教師のお互いの個としての対等な関係であり、人権の保障ということだ。このような姿勢で、家庭科教諭として勤務している。

授業実践と学習指導要領

授業を組み立てるには、高等学校学習指導要領家庭編の変遷と深く関わらざるを得ない。1990年に講師として家政科のある女子高校に、1992年から家政科のある共学校に初任として勤務した。当時は女子だけが家庭科を学んでいた。高校時代の私は、女子だけの学びに違和感があったが、教える側になり、当たり前のようにとらえていた。女子だけの家政科、専門科目を担当することが多く、ジェンダーに対する意識はとても薄かった。

平成元(1989)年の学習指導要領では、基礎科目として4単位の「家庭一般」「生活技術」「生活一般」のどれか一つを選んで履修させる。この改訂から、家庭科男女必修が始まる。男子と共に学ぶのはとても新鮮で楽しかった。教師側が抱いた、女子のほうが調理や裁縫ができ、考査も高得点を取るという目論見は、1学期の授業が終わる前に外れていたと分かった。性別ではなく、個体差だと気づいた。

当時の基礎科目、家庭一般には「青年期の生き方」「母性の健康と生命の誕生」があった。生徒から、予期せぬ妊娠、出産、中絶など相談されることがあった。今のようにインターネットからの情報が無い中、自分の身に起こることを選ばざるを得ない状況で、一緒に考えさせられることが何回かあった。そのため授業では、生命の尊さだけでなく、母体の健康や避妊(当時、青年期の生き方と結婚の項があり、その中で家族計画の必要性を認識させると学習指導要領解説にあった)について扱った。

ところが平成11(1999)年告示の学習指導要領では、家庭科は4単位だけでなく、2単位の家庭基礎ができた。この改訂で、「親の役割」という言葉がでてきた。4単位の家庭総合に、「母体の健康管理と子供の誕生」はあるが、内容の取扱いとして、「母子保健についても扱うこととするが、妊娠出産の詳細には深入りしないこと」とされた。この改訂によって、妊娠・出産のところはさらっとしか触れられず、避妊は扱いづらくなった。変わらず女子生徒から、妊娠したかもという相談がある中、伝えるべき必要な知識を扱えないもどかしさがあった。また、「乳幼児や高齢者との触れ合いや交流など実践的な活動を取り入れるよう努めること」が加わる。この学習指導要領の改訂の中で作ったのが次の授業だ。

赤ちゃんとのふれあい授業

M高校での赤ちゃんとのふれあい授業

２００1年から勤務したM高校は部活動が盛んで、学校生活を楽しんでいる生徒が多い、いわゆる中堅校だった。その中でも年に1件ぐらいは妊娠の相談があった。避妊のことは触れられなくても、在勤中に私自身が妊娠していたこともあり、母体の健康についてさりげなく伝えられていたと思う。授業前に毎時間家庭科準備室に来て、私の荷物を持ってくれた生徒もいた。

赤ちゃんとのふれあい授業は、私の育休代替で来ていた男性家庭科教諭のS先生の発案で、「赤ちゃんを連れてゲストティーチャーとして授業に出てもらえないか」と言われ、２００7年に始まった。私は生後半年過ぎの娘と、保育所に通う4歳の息子と参加した。私たち一組に1クラスの生徒約40名が車座になり囲む形だ。息子は好きなおもちゃを持参し、高校生に説明した。娘は慣れると、はいはいで動き、生徒に抱っこされていた。私は出産の様子や子育て、毎日の生活などの話をした。ゲストティーチャーとして、この授業にどういう意味があるか、生徒の学びにつながるか、はっきりわからなかった。でも、生徒が一生懸命参加しようとしていることや、教師の説明より実物の方が生徒に響くことが分かった。この体験から、自分で赤ちゃんとのふれあい授業ができそうだと思った。

翌年育児休業から復帰し、育休中に意識的につくったママ友達の中で、学校の近隣に住む人に声をかけ、子どもとその保護者を4組、ゲストティーチャーとしてそろえることができた。子どもの年齢もそれぞれ、兄弟姉妹を連れて参加してくれる親子もいた。親子一組に生徒10人程度、畳敷きの柔道場で車座になって10分程度交流をし、時間が来たら次の親子のところに生徒が移動し、違う親子と接する形にした。ゲストの都合を考えると、朝の忙しい時間、お昼寝、上の子のお迎え時間があり、午前中の3時間程度が限界かと、1日に最大3クラスとした。〇日の1組は1・2時間目、2組は2・3時間目、3組は3・4時間目となるように他教科と授業時間を交換した。１組の１時間目は子どもに対して折り紙などでおもちゃやカードなどを作成し、それを持って次の２時間目に赤ちゃんとのふれあいをする。２組は１組がふれあいをしている間に、自習時間として、次の時間に会う赤ちゃんに向けて制作し、３時間目にふれあう。３組は他クラスと同様自習をした後に４時間目にふれあう、このような形にした。生徒たちはとても楽しみにしてくれて、自習時間に、色々なキャラクターを描いて渡せるように準備していた。また、ふれあいが終わった後も、離れがたいようだった。担当学年の先生方も協力してくれ、問題なく実現できた。赤ちゃんがもたらすもの、お母さんの話やまなざしなど、生徒たちが得るものが大きかったように感じた。私も本物は違うと思った。そして、来てくれたママ友達から、近所なので将来を考えて一度高校を見たかった、高校時代を思い出したなど言ってくれた。ただ次年度以降を考えると、子どもは大きくなってしまうので、自分の知り合いには限界があり、幼稚園の子どもは、その時間はターゲットにならない。毎年幼稚園入園前の子どもや、ボランティアで参加する親子を探す難しさを感じた。

A高校（後のMK高校）に異動して

M高校で赤ちゃんとのふれあいを行った翌年（２００９年）に、A高校に異動となった。２年後にY高校との統合が決まっている学校で、荒れていた学校だった。１学年４クラス、家庭科教師１人のスタートだった。実習では教室から生徒が抜け出さない、他クラスの生徒が授業に入り込まないように、学年の先生が門番として教室入口に立ってくれる学校だった。教員の連携はとても良く、助けられた。調理実習の説明中に床に寝転ぶ、欠席者が多いため余った食材で遊ぶなど、とにかく生徒から目が離せなかった。逆に、目を離さず、授業に関係ないことをできないようにすれば、指導に乗ってきた。前任のM高校とは生徒の様子が異なるので、ここでの赤ちゃんとのふれあいはあきらめていた。

赴任した翌年、新校長が着任した。家庭科をとても大切にしてくれる方だった。統合後の教育課程に、３年生の文系選択全員に、家庭科の学校設定科目「ライフプランニング」を入れることができた。家庭総合４単位で扱えない、アルバイトの労働規則や、年金など社会保障制度など、生きていくうえで必要なことを扱う科目を作ることを認めてくれた。今でこそヤングケアラーという言葉ができたが、当時のA高校には家族をケアし、子ども時代を生きられない生徒が多かった。ケアすることが当たり前で、家族をケアすることで愛され必要とされる自分、そう思っているようだった。また、女子生徒の妊娠、中絶や退学しての出産が見られた。愛されない自分を愛してくれる存在として、子どもが欲しいように見えた。新しい家庭を持ち、今の家庭から逃げたい思いも感じた。そこを変えたかった。自立をして自分の力で生きること、一人一人がそのままで愛される存在であること、みんなに、子ども時代があることも気づかせたかった。そのために家庭科として何ができるのかを主軸にして授業を組み立てていった。

子育て支援課とつくるMK高校のふれあい授業

2011年にA高校とY高校は統合し、MK高校となった。1学年7クラス。家庭科のI先生が着任し2名体制、A高校の校長がそのままMK高校の校長になった。Y高校に福祉の学科があり、学校全体で福祉教育を行っていたため、MK高校も引き継ぐ方針だった。そのような中、市の子育て支援課から、「高校生と赤ちゃんのふれあい体験」事業を提案された。平成21（2009）年度告示の学習指導要領にもある通り、赤ちゃんとのふれあい授業は扱いたいところだ。もう一人のI先生も思いは一緒だった。ここから市支援課の担当者と一緒に授業を作っていくことになる。市側は、子育て中の保護者と赤ちゃんが学校に来ること、子育て支援施設の支援員が班に入り、ファシリテーターの役割を担うこと、そして、ふれあい体験の前に助産師の講演会を開くことを提案してくれた。講演の内容は思春期の心身の健康の大切さ、おとなになるとは、まとまっていくことなど、DVにも触れながら、命の大切さを伝えてくれた。家庭科教師側は保育施設に行ってふれあうよりも、保護者と話すことにこだわっていた。赤ちゃんの可愛さだけでなく、子育ての現実を教えてほしかった。何回か話を進める中で、1クラス1時間ずつ1日2クラスが上限。剣道場で支援員が市のマットを引いて用意した中に、高校生が入る形、赤ちゃんとのふれあいを行うことになった。管理職は応援してくれたが、学年職員は大反対だった。荒れた生徒がいる中、赤ちゃんに怪我させる、保護者の方たちに失礼なことを言うのではと、心配してのことだった。M高校の経験から家庭科の授業だと押し切った。事前学習で、生徒には体操服で行うことや、ヘアピンなどは持ち込まないなどを伝えた。皆が緊張する中、赤ちゃんとのふれあいが進んでいった。生徒たちは赤ちゃんが動き回るのを追いかけ、剣道場の外に出ないように工夫し、一生懸命関わろうとしていた。荒れている生徒たちが優しい顔をして赤ちゃんと接することに、先生方や市の担当者も驚いていた。赤ちゃんが走り回る、保護者とうまく話せないなど課題はあったが、学校側の理解は大きく進んだ。

その翌年は2時間連続にし、準備段階で生徒は支援員と関係性を作って、その後に赤ちゃんを迎える形とした。その方が、生徒が主体的に取り組むとI先生が考えたからだ。やってみるとその通りだった。支援員は上手に生徒に指示を出す。支援員が「赤ちゃんに危ないから、はずそうね」と言うと、生徒はアクセサリーをはずす。教える・教わるではない他者からの言葉、支援員という子育てのプロの言葉は効くと思った。ここも本物の力だ。その翌年から、赤ちゃんのふれあいは学校行事となっていく。6月の保護者面談期間、授業は午前中で終わる。そこにふれあい授業を重ね、1クラス1日家庭科の日とした。家庭科教師だけでなく、担任や学年主任が参加できるよう、授業を組んでもらう。体験日、クラスの生徒は1時間目に支援員と出会い、班ごと支援員の指示で体験の場を清掃、マットやおもちゃを消毒し、お迎えの準備をする。準備ができたところで赤ちゃんとのふれあいをする。1時間ほどふれあった後、赤ちゃんたちを見送る。その後に、支援員と生徒が班ごとに振り返りをする時間を加えた。振り返ることで、生徒は子育て支援施設の意義を理解し、社会的な支援を学ぶ。支援員もその時間に、生徒の言葉や思いに気づくようだった。赤ちゃんに慣れている生徒が、実は年の離れた、自分と父母が異なる小さな妹弟をケアしていること、赤ちゃんとふれあえなくても、保護者と話ができなくても、その輪に入れなくても、生徒の耳や心は十分参加しているなどだ。また、地域の子育て支援員とつながることで、将来生徒自身が施設に頼れるようになる。市との協働事業なので、支援員や赤ちゃんを集める苦労はなく、学校の理解もでき、やりがいがあった。生徒だけでなく、参加する保護者からも「高校生は怖いと思っていたけれど優しかった」「ほかの人と話す機会がないからとても楽しかった」と好評で、何年か後に第2子を連れて参加した保護者もいた。続けていくうちに、父親の参加も見られるようになった。「妻が心配で」「子どもが知らない人とどういうように接するのか見てみたい」など動機は様々だったが、父親が入ることで「イクメンになろう！」のような雰囲気が入ってきた。そして、子育て中の男性担任が入って赤ちゃんをうまくあやすと、それだけで生徒が「おお！」と教師ではない側面を見つけ、優しいまなざしになる。生徒自身の気づきが多いと感じた。やはり本物は違うと思った。

進学重点校でのパパの授業

現勤務校は県が指定している進学重点校で、家庭科教師は一人だ。異動して4年がたつ。今まで会ったことがない生徒だ。家庭は落ち着き、進学を希望できる経済力がある。生徒も進学に重きを置き、自分の生活は他者に任せているが、そのことに気づかないし、ケアを担っている保護者も当然と考えている。炭酸飲料や添加物に対し疑問を持つが、なぜ？と問うと、家庭科で得た知識ではなく、家庭での教えから答えがくる。間違えることを嫌い、簡単な利息計算も、答えが出るまで書かない生徒もいる。間違えて消すよりも、正解を写す方が早いからだ。最短で、間違えないことが一番のようだ。将来のリーダーと期待される層の生徒たちが、暮らしを見ていないことを変えたい。しかし、2単位の家庭基礎で赤ちゃんとのふれあい授業は難しい。時間も人手もない。赤ちゃんを集めるすべもない。その中で考えたのがパパの授業だ。

校内の子育て中の男性教諭をゲストティーチャーとして招く授業だ。男性としたのは今までの経験から、女性は妊娠期の体調の変化や出産など自らの体験の語りが多いこと、2人で協働の子育てという視点より、子どもと自分にまつわることが多いと感じていたからだ。所属学年や教科担当など生徒と関わりがあり、子育て休暇の取得や保育所の送迎など、子育てを担っていそうな、男性教諭をゲストティーチャーとして探すこととした。

前時に、生徒たちに育児をしている○歳の男性が授業に来てくれると伝え、質問を考えさせ、用紙に記入させる。その用紙を男性教師に渡して、30分程度子どもの可愛いところだけでなく、育児の大変さや家事分担、家族への思いなど、自由に話してほしいと伝える。当日、男性教諭が入室しても私は先生とは呼ばず、あくまでも一市民として接する。そして、ゲストティーチャーは簡単な自己紹介後、質問を元に話を始める。内容はゲストにより様々で、妻との出会いや恋愛、妊娠中の妻の様子や出産、妻の仕事や毎日の家庭生活など。事前にスライドや資料を用意した人もいた。生徒からは「私たちが見ている先生のイメージと大きく違い驚いた。自分も将来パパになったら、そういう風に顔を上手く使い分けることができるかっこいい大人になりたい」等の感想があがった。男性教諭からも

「30代男性の社会人として、日々生活の徒然を話せたと思う。この仕事を本気でしているが、その背景としてプライベートがあることを知ってもらえたと思う。学年や教科などで関わりがある生徒に授業を行ったので、自分を知ってもらういい機会だったし、楽しんでできた」と言ってもらえた。

振り返ると、私は自分のライフコースと目の前の生徒に向き合って授業を作ってきた。大切にしたことは、「生徒の私的生活からの声が授業(公的空間)に出てくる公共的空間（対話で作る）」をつくること。生徒のつぶやきを拾い、それをもとに授業を作っていく。生徒は必ず問いや答えを持っているので、それを引き出す。次に、生徒から引き出した事柄について、本物の人を探して一緒に授業を作る。ママ友達、市の職員や子育て支援施設の支援員、一緒に働く先生方と作っていく。事前に、授業への私の思い、生徒にしてほしいこと、生徒の抱えているものや生活の背景を伝える。すると、私が望むよりも深い授業となり、私も生徒と一緒に学ぶことができる。もちろん私の思いが伝わらない、お願いした内容と違うこともあった。だから、次こそは、と探していく。高齢者とのふれあいの授業を作るときには、老人会にお願いしたり、社会福祉協議会に行ったりし、情報をもらい、あたれるところをあたった。そして、出合わせたい人と出会う授業を作ること知識として知ることと体験してわかることの循環を大切にしてきた。

こうやって目の前にいる生徒と向き合い、自分のライフコースと重ねて授業をつくってきた。今、模索しながら授業をつくることは、私にとってとても幸せな時間だ。

（あいうら　ともこ）

〈参考文献〉

学習指導要領家庭編　文部科学省
望月一枝『シティズンシップ教育と教師のポジショナリティ』勁草書房２０１２年
相浦知子『高等学校家庭科保育分野におけるペアレンティング教育の追究』２０１４年千葉県長期研修報告書
相浦知子『若者が充実した人生を送るために家庭科にできること―高等学校家庭科での実践を基に検討する―』樹下道　家政学専攻研究12　２０２０年

特集1

「ジェンダー」が自分たちの問題になるとき

実践分析論文

ジェンダーを私たちの問題と捉えるために

ー目の前の生徒たちから出発する実践に学ぶー

私立学校　中田沙希

はじめに

近年、ジェンダーについて異性愛でシスジェンダー以外の性を持つ人がいるという認識が広まってきており、「LGBT」や「セクシャルマイノリティ」という言葉が広く知られている。しかし、若者向けの雑誌やテレビドラマなどで大々的に取り上げられる「LGBT」は、当事者を指す言葉というよりも、「流行」の言葉であるように感じる。今まで異性愛でシスジェンダー以外は「いない」ものとされてきたことを考えると、「LGBT」が流行語になることは認識を広める手がかりになるように思えるが、一方で、一種の「ジャンル」として、あるいは空想の物語のようにとらえられ、異性愛でシスジェンダーである自分とは関係のない「他人ごと」としての認知にとどまっているのではないだろうか。ジェンダーに関わらず、マイノリティであることによる困難の要因はマイノリティ自身にあるのではなく、「普通」ではないマイノリティを排除しようとする社会構造にあり、「マイノリティには配慮してあげる」というマジョリティとマイノリティの権力構造こそが問い直される必要がある。

4本の実践を通して、ジェンダー問題を「どこかの誰かの問題」として「学ぶ」教育ではなく、マジョリティもマイノリティも関わる「私たちの問題」として「社会を問い直す」教育が行われる過程を探っていきたい。

「自己責任論」を内面化する子どもたち

山田は、子育てをテーマとして、保育園に落ちた一人のブログ記事が国会での議論や多くの人たちの共感や連帯を生み出した事例を参照して待機児童の問題を取り上げ、子どもたちにワークライフバランスを考えさせる授業実践を行った。山田の学校では人権教育の一環で毎年講演会を開いているが、ある年の講演会で女性の社会的地位が低いという話を聞くと、「個人の努力の問題だ」という意見が出た。これについて山田は、学校教育の場では男女平等が原則に置かれているために、ジェンダー不平等を実感しにくいことを原因として挙げている。また、日本のジェンダー・ギャップが最低レベルであることは、「女性が」困難を抱えていることが問題なのではなく、社会の構造がギャップを生み出していること自体が問題なのであり、それを子どもたちに気づかせたいとしている。実際に、ブログ記事を読んだ子どもの感想の中には「自分には全く関係ないから正直どうでもいいかな」と前置きしたものや、「(保育園に)入れるのが当たり前と思い込んでいるやつは頭がお花畑だなーと思いました」など、批判的なものがあった。それに対して山田は、「学習が深まる契機」であるととらえている。このブログ記事の背景にある社会の構造を知ろうとしないまま、「他人ごと」だと切り捨ててしまう子どもに対して山田の意見を「正解」として教えるのではなく、この社会で生きる当事者として、社会の構造をどう考えるか、「自分ごと」として問題を考える機会にしている。

こうした「自己責任論」は、新自由主義的な「教育改革」によって、子どもや教師が自動的に競争するよう作り上げられてきた教育・学校体制が、子どもたちに「自己責任」を原則として市場に適応することを排他的に追求することを求めてきたことから始まった。市場に適応できない者は排除され、適応できる者との境界線が作り出される。こうした中で子どもたちは競争に勝ち抜くことを追求し、序列化され、分断される。こうした学校体制の中で、互いに競い合い、排除しあうのではなく、私事とされてきた問題やトラブルを共通の話題としてとらえ、相互依存的な関係性を築くことが必要である。このことについて山田綾(2016)は「自らが関わるその教室や社会に当事者として参加し、生きるにふさわしい空間に変えていくことなしに、子どもたちが今を生きることはない」

として、当事者として学ぶことの重要性を示している。では、子どもたちを当事者として参加させるためにどのような働きかけができるのだろうか。

自己の開示によって新たな一面を発見する

高校時代まで女子校で育ち、バイアスのかかった「女性らしさ」の価値観をほとんど感じてこなかった遠藤は、大学時代のアルバイト先での経験や大学の講義を通じて、自身が「社会的弱者としての女性」であることに気づく。アルバイトで男女の対比による言説を体感してきた遠藤は、大学の講義からもし自分の母が大学入試を経験していなかったら、などこれまでの人生が少しでも違うものだったらそこには貧困があったのだと気づき、日本社会における「弱者としての女性」を当事者として目の当たりにした。この遠藤実践の背景は、社会の不平等な構造を実際に体感することが、今まで知識としてしか考えていなかった物事に当事者意識を向けることのきっかけになりうることを示している。だからこそ遠藤は、「『こらだ』になるギリギリのところまで自分の痛みを開示し、生徒に近づこうとする」のであろう。

遠藤は、レイプ被害を告発した伊藤詩織さんを取り上げ、セカンドレイプの問題をテーマとして実践を行った。感想の中には「美人だから仕方ない」という男子生徒の意見があり、それに対して遠藤は他の例を使うことで社会構造を問い直す機会を作った。この対話によって、女子生徒は「初めておかしいと思った。私も仕方ないんじゃないかと思っていた」と、内面化された不条理に気づいている。これについて遠藤は、女子生徒は生きていく上で当然の生存戦略として男性中心な日本社会の価値観を内在化し、その不平等さを「他人ごと」だと考えていた女子生徒にとっての性教育の「遠さ」を目の当たりにしたと語っている。

はじめに述べたとおり、ジェンダーの問題は特に「他人ごと」だととらえられやすく、当事者意識をもって学ぶことの困難さが多く議論されている。これは、ジェンダーの問題においてテーマとしておかれる「セクシャルマイノリティ」が異性愛でシスジェンダーではない「特別」な存在だと考えられているためである。この「特別」は、『普通』ではない」という意味合いであるため、「普通」に対して「優れている」ととらえられる場合でも、「劣っている」ととらえられる場合でも同じように「他人ごと」にされてしまう。例えば、「芸能人は有名だからインターネットで誹謗中傷されるのも仕方がない」というような意見もそれにあたる。遠藤実践におけるこの女子生徒も、伊藤詩織さんが「特別」美人だからレイプ被害にあっても仕方がないとして、同じ女性でありながらどこか別世界の話のように考えていたのである。

こうした「特別」な存在に対しての議論が「遠く」なってしまうことへの対応の一つとして、遠藤はパン屋という誰もが身近に感じられる例を出すことで「自分ごと」として考えやすい事例に変換し、「特別」だからといって不平等な扱いを受ける理由にはならないということを実感させている。このように、子どもたちが「他人ごと」ととらえてしまう事例について身近な例で言い換えることによって、「特別」と思っていた人が生きる世界も、「普通」である自分が生きる世界と地続きであることを理解し、当事者意識をもって社会を問い直すことができる。

「他人ごと」ととらえられている問題を「自分ごと」として考えさせる働きかけとして、遠藤は「まずは私から」という意識を大切にしている。授業の中で自身が性的マイノリティであることをカミングアウトしたり、自身の生きづらさを告白することによって、教師と子どもという権力関係から脱却し、一人の人間としての語りを行っている。子どもたちにとっては教師も「特別」な人間の一人であり、プライベートな部分は想像しづらい存在である。そのため、教師が自身のプライベートを開示することによって「特別」と「普通」の間の境界線を揺るがすことができるのである。そこに学びの余地があり、内面化されていた不平等を「自分ごと」として問い直すきっかけとなる。

しかし、このようにプライベートな部分まで開示することには危うい一面も存在する。遠藤はこれまでの実践の中で傷つけたくなくても生徒を傷つけてしまった経験がある。性に関する話題は、実際に性に悩みを抱える人間にとってはとてもデリケートな部分であり、どの話題が許容できて何が精神を不安定にさせてしまうかには個人差がある。性に関する授業や講演が実際に悩みを持つ子どもにとって苦しい経験になってしまう問題については、「この話はしないほうがいい」と一般化できるものではなく、目の前にいる子どもをから出発し、考え続けなければならない問題である。

問題を内側から見る

私的領域で自己責任として片づけられる「ケア」について、社会の矛盾を問い直す実践を行った山田は、待機児童問題について子どもたちとともに読み解いている。ブログの投稿主に共感し、日本社会が抱える問題に着目した子どもがいる一方で、待機児童問題を保育園に頼ろうとする親の「自己責任である」ととらえる子どももいた。山田はそれを学びの契機であるととらえている。山田はその後の授業を進める上で「リアリティ」を重視しており、はじめに待機児童の定義や他国の政策について取り上げることで、もともと子どもたちの生活と直接関連しづらい「子育て」の問題と「政治」の問題の理解を深めている。身近に感じられない問題について知識もないまま考えるだけでは、問題の「外側」を眺めるだけにとどまってしまう。そのため、子どもたちの理解が深まっていない分野については、知識として現状を理解することから出発している。

続いての授業では、この社会でワークとライフのバランスをどうしたいかという「自分自身の人生」について考えさせている。この授業によって子どもたちは、それまで想像もできなかった自分の将来について具体的に考えることができている。いつかは大人になり働くことになるとわかっていながら、具体的になぜ働くのか、どう働くのかを考える機会を持つことが少なく、曖昧なビジョンしか描けなかった子どもたちは、待機児童問題や労働問題について学ぶことで、自分の未来にピントを合わせられるようになっている。つまり、問題を「外側」から眺めるだけだった子どもたちが、問題の「内側」に入り込んで日本社会を考えられる機会となった。

子どもたちが当事者性をもって学べるようになった背景には、リアリティを重要視する山田の意識だけでなく、自分と異なる意見を持つ他者と出会う機会を提供していることがある。他者の意見を聞き、自分の意見を改めて伝えようとするときに、子どもたちは自分の意見をより洗練されたものにしていく。その繰り返しによって子どもたちは問題についてより深く考え、「自分ごと」としてとらえられるようになっている。初回の感想で「同情できない」と書き、最終的に意見の変わらなかった子どもについても、意見が変化しなかったからといって、子ども自身に何も学びがなかったというわけではない。実際に現在の社会で生きていく当事者として考えられるようになった上で意見が変化しなかったのだ。そうした多様な意見がでることこそが、山田の「正解」を教えるのではなく、教材を通して思考の幅を広げる関わり方が、受け身の学習ではなく主体的な学びを生んでいることに注目したい。

「本物」と出会う

相浦は、高校時代に女子だけが家庭科の授業を受けることに違和感を持っていたが、教師として働くなかでそれが「当たり前」になってしまっていた。しかし、平成元（1989）年の告示で家庭科が男女必修になったことで、「家庭的」な技能や知識に性差はなく、そこには個体差しかないという高校生の頃の違和感の正体に気が付いた。こうした経験から、相浦もまた、生活を主体的に営む知識を身に着けることを目標に据えて実践を行ってきた。

平成11（1999）年の告示において、「母子保健についても扱うこととするが、妊娠出産の詳細には深入りしないこと」として、誰もがそれを経て生まれてきた妊娠出産についての内容に踏み込むことなく、その一方で「乳幼児や高齢者との触れ合いや交流など実践的な活動を取り入れるよう努めること」を扱おうとする矛盾が生じている。実際の子どもたちは予期せぬ妊娠、出産、中絶を経験しており、それらを経験していない子どもたちについても今後経験する可能性のあるリスクや大変さを知らないまま、道徳的な指導にとどめてしまうことになってしまう。そのため、性教育は「遠い」ものになってしまう。

そこで、実際に体感することを重視している相浦は、赤ちゃんとのふれあい授業を作っていく。まだ妊娠出産や子育てを体感しづらい子どもたちは、座学として教わるだけでは「他人ごと」の知識にとどまってしまう。そのため、実際に赤ちゃんとその保護者と関わることによって、「関係ないもの」ではなくなり、特に保護者との関わりを大切にすることで、子育ての楽しい部分だけでなく、大変なことを聞き、今後自分の人生をどう設計していくかを具体的に考えられるように働きかけている。

このふれあい授業によって学ぶのは子どもたちだけでなく、教師や保護者もまた学んでいる。特に、「荒れた」子どもたちが多いMK高校における実践では、「子どもたちに怪我をさせるのではないか」「保護者の方に失礼なことを言うのでは」と不安に思い、教師たちは実践に反対していた。しかし、実際には、生徒たちは赤ちゃんに優しい表情を見せており、一生懸命関わろうとしていた。教師が先回りして子どもたちの可能性をあきらめてしまうのではなく、相浦のように子どもたちに対して否定的なことを言わず受け入れる姿勢によって、子どもたちの新たな一面を発見することができることを教師たちはこの実践から学んでいる。

赤ちゃん、保護者、支援員という「本物」に出会うことで、子どもたちは妊娠出産や子育てを身近なものととらえられるようになり、実際に将来自分が悩んだら支援員の方に相談しよう、などと具体的に将来を考えられるようになっている。また、ケアされることを「当たり前」と考えている子どもが多くいる進学重点校では、男性教師を一人の市民として呼び、「父親」としての一面を発見させることによって、生活の重要性を学んでいる。自身の生活を他者に任せることに慣れている子どもたちにとって、家庭での生活という「内側」はこれまで無意識化のものであったが、教師の家庭での一面を見ることで、「外の自分」と「内の自分」のバランスが取れていることの大切さを実感できるようになっている。

「個人の問題」を「クラスの問題へ」

本多は、後藤さんの訴えをきっかけにして、市松模様が残っている座席についての議論を通して学校の男女二元論を問い直していく実践を行っている。席替えについて悩みを抱えた後藤さんが、思いを書いた紙を三役にこっそり渡す。それについて三役は「学習したい」や「もっと考えたい」と述べており、自分たちが知らなかったために後藤さんに我慢をさせていたことを問題視している。これはまさに、異性愛でシスジェンダーが持つ特権の問い直しである。その後のHRでは、今学期の席替えをなくすことについて、後藤さんの悩みを理由とするのではなく、「クラスの課題やあり方を見直したい」ということをテーマとした。その結果、ジェンダーだけではなく、さまざまな問題が提示された。この時点で、このクラスが抱える問題は「トランスジェンダーの後藤さんが生きやすいようにするためには」ということではなく、「誰も我慢しないクラスにするためには」というクラス全体の問題としてとらえられるようになっている。実際に、その後の三役会では、「TGの人たちの中にも色々な違いがあって、私たちの個性と同じです」という発言が出ていることや、後藤さんの悩みに話し合いがフォーカスされてしまった後悔が記述されている。

これらの席替えをめぐる話し合いの中で、「後藤さんに我慢させるのはおかしい。（中略）後藤さんが特別なわけではない」という発言や、学校嫌いのWがクラスのあり方について考え、周りに意見を聞いたりしたこと、HRで必ずしも結論を出す必要があるのかという話し合いなど、クラスのためにお互いが意見を言い合えるような関係性が作り出されている。この過程において後藤さんのセクシュアリティはメインのトピックではなく、クラスのあり方を考えるための単なるきっかけにすぎないことが明らかにされる。これは、この実践のテーマとなる「席替え」が、後藤さんだけでなくクラス全員に関わるものだったことも重要なポイントであったと思う。「特別」と考えられがちな性的マイノリティの困難と自分も大きくかかわる問題の関係に着目することによって、子どもたちが当事者性を持って自分の意見を形成し、対話を行うことができている。

さいごに

遠藤は自己をギリギリまで開示することによって子どもたちの中の「特別」と「普通」の境界線を揺さぶり、子どもたちが当事者性をもって学べるように働きかけてきた。

山田は、子どもたちが実感を得づらい問題について、まずは知識を得て意見の異なる他者と関わることで、問題を内側から考えるように働きかけてきた。

相浦は、多くの子どもたちが実感を得づらく、一定数の子どもは知識がないままに当事者になってしまう子育てについて、赤ちゃんや保護者、支援員などと関わることで、具体的なライフコースを考えるように働きかけた。

本多は、後藤さんの存在をきっかけに、子どもたちが多面的にクラスのあり方を問い直し、ジェンダー問題だけにとどまらず互いに意見を言い合うことのできる関係性を築いてきた。

このように、目の前にいる子どもたちの悩みや関心から学びを作っていくことが重要視されなければならない。

（なかだ　さき）

参考文献
山田綾「生活指導と授業」、竹内常一・折出健二編著、『生活指導とは何か』、高文研、２０１６

特集1

「ジェンダー」が自分たちの問題になるとき

研究論文

大学生がジェンダーを自分の問題として考えるとき

千葉大学名誉教授・教育学部非常勤講師　片岡洋子

ジェンダーは私たちの問題の構造を照らし出す

「『ジェンダー』が自分たちの問題になるとき」という特集名に、ふと、私はジェンダーをどのように自分の問題として受けとめてきたのかと思い、ふりかえってみた。ジェンダーという言葉を知ったのは１９８０年代後半だったと思うが、１９５５年生まれの私にとって、ジェンダーは、自分の経験に意味を与え、「私の問題」と「私たちの問題」を解き明かす言葉だった。

大学時代、１９７５年からの「国際婦人の10年」が始まっても、ほとんどの民間企業は４年生大学卒の女性に門戸を閉ざし短大卒女性だけを採用した。男性と平等な条件で働くとしたら公務員か教員だった。女性差別撤廃条約が国連総会で採択された１９７９年に大学院に進学した。その際、女性は大学院に行っても先がないよと親切に言ってくれる大学教授がいた。大学院生同士で結婚した先輩たちは、女性の方が教員など安定した職を得て、夫の研究を支えた。女性差別撤廃条約を日本が批准するために、女性を総合職と一般職に分けて分断するなどの問題含みだったにせよ、４年制大卒女性が雇用において差別されない男女雇用均等法が成立した。

34歳で大学の職を得た後、同じ大学内の女性教員の集まりを持った。大学は男の職場で、産休中の非常勤講師の制度がなかった。旧姓使用も認められていなかった。組合委員長と話し合って、学長交渉の議題にしてもらい、産休代替非常勤講師と旧姓使用を認めさせたのが1991年だった。このとき一緒に活動した学部の異なる教員仲間が、フェミニズム・ジェンダー教員集団として、ジェンダー関連の授業を一緒に担うようになった。

私はこのようにして、自分たちの経験や要求を仲間と語り合い、問題を分析し、課題を明らかにして現状を変えようとしてきたことの意味を語り、考えるための概念として、ジェンダーを手に入れた。経験や問題が先にあって、ジェンダーは私の経験を包括的に政治や社会の構造と結びつけて説明してくれた概念だった。「ジェンダー」が自分たちの問題になるというより、自分たちの問題が「ジェンダー」を得たという出会い方だった。

それから30年経った今、「ジェンダー」は市民権を得て、ほとんどの人が少なくとも聞いたことがある言葉になった。この間、自分の経験からの問題意識によるのではなく、「ジェンダーについて知っておきたい」など知識を得たいという動機で、科目名にジェンダーがついている授業を受講する学生も増えてきた。『「ジェンダー」が自分たちの問題になるとき』という特集の趣旨は、自分の外側にある問題としてのジェンダーではなく、自分は何者であるかというアイデンティティや他者との親密性、家族との関係性、将来の職業選択など、生き方そのものと関わる問題としてのジェンダー学習のありかたを問うところにあるのだろう。

ジェンダーは変革を求める概念

1990年代後半以降、ジェンダーという言葉は一般的にも使われるようになった。自治体の広報紙にジェンダーという言葉が載るようになると、ジェンダーは「社会的・文化的につくられた性や性別のこと」という説明がついていた。ジェンダー概念をめぐっての議論はあるが、大学の講義や市民向けの講演でジェンダーについて話すとき、私はこの説明を活用してきた。

ジェンダーはもともと文法上の性別を表す用語だった。「太陽」と「月」はどちらが男性名詞、女性名詞かは、フランス語とドイツ語では逆になる。人間が適当に(恣意的に)決めたに過ぎないことから、ジェンダーは「社会的・文化的につくられた性（差)」という意味を持つようになった。「社会的・文化的につくられる」とは社会的に構築されているというジェンダー概念の本質である。社会や文化をつくっているのは人間で、人間がつくっているのだから、変えられるし、変わっていく。つまりジェンダーとは変革を求める概念である。では、性に関して自分が変えたいことは何か、社会的に変えたいことは何か。ジェンダーについて考えることは、自分なりにこの問いについて考えることにほかならない。

20年くらい前のことだが、授業で、女子学生2人が男女50名ずつのアンケート調査結果を発表した。もし将来子どもが生まれたら育児休業を取りたいかという設問に「取りたい」と答えた男子学生の割合はどれくらいだったと思うかと受講生に質問した。自分の予想する割合に挙手をさせたが、半分以下を予想した学生が多く、特に女子学生の方が低い予想をした。結果を聞いて、どよめきが起こった。育児休業を取りたい男子学生は9割だったからだ。「取りたい」は希望であって「取る」とは限らない。取りたくても取れないのはなぜか。議論の中で、どちらか一方が育休を取るとしたら女性の方がいい、育児と両立できなくて仕事をやめるとしたら、女性の私がやめたいので夫には仕事を続けてほしいという女子学生の本音も出た。一般的な性別役割分業には反対でも、自分の将来構想では自ら性別役割分業を利用する。どうしたら希望通りに男性も育児休業を取れるようになるのか。両親ともに育児休業を取ることはできないのか。そこで話し合ったことは、20年後の今、法改正が進んで、制度上は可能になった。しかし今思えば、その教室にいたであろう性的マイノリティの学生はどんな思いで聞いていただろうか。当時の私はそうした配慮が全くない授業をしていた。

性の多様性を生きる学生たち

近代社会におけるジェンダーは、性別を男と女の2つに分け、男らしさや女らしさという性別特性による非対称性と、異性愛中心主義をつくりあげ、男性を公的領域に女性を家庭内の私的領域に位置づけ、それを制度化してきた。今、ジェンダーを問うことは、性は男女に二分化されるのではなく多様であること、性別特性の根拠を問い直しジェンダー不平等をなくすこと、異性愛中心の文化や制度を変えることである。

２０２３年度前期に、いじめ・不登校問題を扱った授業で性的マイノリティの子どものいじめ・不登校について取り上げたとき、余り時間はかけられなかったが、性的マイノリティの人々の生きづらさや性の多様性について説明した。その授業後のコメント用紙に、自分のセクシュアリティやカミングアウトされた経験などを書いてくれた学生が複数いた。

Aさん　小学生の頃から周りの友だちが恋愛の話で盛り上がる時間が苦手だった。嘘をついて参加するのも嫌だったが、正直に好きな人はいないと言うと、裏切り者の秘密主義者という扱いをされ、孤立してしまった。高校生になって、アセクシュアル・アロマンティックという言葉を知ったとき、どんなに安心したことか。自分で自分のことがわからなくて、周りとうまくやれない状況でも、名前が付いたことで存在が認められたような気がした。しかし性的マイノリティの人が受けるいじめや、メンタルヘルスの問題を見ると、そうして名前がつくことが安心や自己肯定にならない人もいるだろうと思う。

Bさん　自分は小2くらいから「女子」であることに明確に違和感を覚え、それ以降、自分の名前が「合っていない」と思っている。ビデオゲームでRPGをする場合、小4頃から選べるときは男性寄りのアバター、名前を付けて仮想の自分を楽しんでいる。しかし現実では、制服にズボンを選ぶことは許可されず、襟足を短くしたいと言うと「変だ」と言われていた。自分はFTMなのかと思っていたが、成長と知識の蓄積に伴い、どちらかというとQ（クエスチョニング）やノンバイナリーに近いことがわかってきた。指向は今のところ、A（アセクシュアル）かパンセクシュアルだが、「その時」が来ないとわからないとも考えている。

Cさん　私は身体の性が女で、今は男の人と付き合っている。でも女の人を好きだったこともあるし、自分の身体が女であることが気持ち悪く、女性の下着や服を着られなくなったことがある。性はグラデーションと言われるが、ずっと変わらないものではなく揺れがある。私の周りにも異性愛者、無性愛者、恋愛感情はあるが、性的感情がない人など様々な人がいる。シスジェンダー・異性愛者が「普通」だと思っている人が多いが、それに当てはまらない人もたくさんいる。今、言えない人が多いだけなのではないか。

Dさん　私はB（バイセクシュアル）で、男性とも女性とも付き合ったことがあり、今も同性である女性と付き合っている。自分の周りは割と理解があり、彼女の話をしても特別な反応や批判的なことを言ってくる人はおらず、友人以外も特にこちらが嫌になるような対応をしてきたことがないため、若い世代の理解は深いように感じる。しかし、やはり学校現場や社会全体は、シスジェンダー・異性愛者ばかりで構成されているし、今まで何十年も生きてきて、ＬＧＢＴなんてほとんど話題にならない時代に生きてきた大人には、未知を理解することが難しいこともわかるけど、変わってくれたらうれしい。

Ｅさん　私は両性愛者だと思うのですが、女性が女性を好きになった高校の３年間は、今思うと、すごく悩むことが多かったです。女子同士の恋バナにどう反応するか、家庭科や保健の授業で結婚の話が出たとき、「やっぱり自分はおかしいんだ」と感じてしまったり、ＬＧＢＴの授業で、異性愛者・シスジェンダーの立場で話さなければならないと思ったり、とにかく「バレてはいけない」と犯罪者であるかのように過ごしていたように思います。大学に入ってから好きになったのが男性で、今も交際を続けていますが、高校生の時とはまるで違う毎日に感じられます。異性を好きになるだけで、世界が比べものにならないくらい生きやすくなりました。でも母親から「レズかと思って心配だった。男と付き合って安心」と言われたり、今後、今の彼との関係がおわってしまって、次にまた女性を好きになったらどうしようという気持ちなど、不安も大きいです。

Ｆさん　バイト先にＭＴＦのトランスジェンダーの方がいた。外見や声などはとても女性らしくしているのに、戸籍上の性別が男性なので、男性ロッカーを使い、そのことについて初対面の私にていねいに説明してくれた。「可哀想」などと思うのは間違っていると思うが、他の人は何も気にしなくても生活できているのに、マイノリティであるほうが配慮するというのは違うと思う。自分はＢであるが、基本的にはカミングアウトをしないようにしている。今までの関係が壊れるくらいなら話すべきじゃないと感じるからだ。また親が偏見を強くもっているので、親にも話さないようにしているが、ときどき隠すのがしんどくなることがあるので、世間に理解が広がってほしいと思う。

両性愛者だと思うというＥさんが、同性を好きだった時期はとても悩みが多く、異性と付き合っている今は比べものにならないくらい生きやすいと書いていることが、いかに異性愛が当たり前の世の中になっているかを示してくれている。また母親の「男と付き合って安心」という言葉が、同性を好きになるかもしれない将来への不安につながっていることがうかがえる。親が不寛容であることは、Fさんも書いている。非異性愛者にとって親の理解が得られないことは将来にわたって苦しみになる。次のGさんは、自分は異性愛・シスジェンダーであるが、性的マイノリティを受け入れない親を悲しんでいる。

Gさん　私の実家は田舎にあり、性別役割分業意識がまだ根強く残っている。小学校低学年の頃、女性アイドルグループが好きで応援していたのだが、母親に「あんた女の子なんだから男の子のアイドルの方がいいんじゃない？　それともあんた女が好きなの？」と冗談まじりに言われたことがある。大きなショックを受けることはなかったが、「もし私が性的マイノリティだったら、母は受け入れてくれないんだ」と少し悲しくなった。

祖父母や親の世代が同性婚に賛成する割合が低いことについて、自分の親の言動と照らしてよくわかると書いていた学生がいた。またＪＮＮの世論調査で30歳以下の女性の９割が同性婚に賛成していると私が紹介したことについて懐疑的な意見もあった。それは自分とは無関係な人への同情による面もあるのではないか、もしきょうだいや親戚だったらどうなのか、自分の家族だったら戸惑うという意見で、我がこととして考えていることの表れでもある。

また法律やルールを変えても中途半端な理解では偏見や差別はなくならないという意見も多い。Hさんの意見もその一つである。認めるということが突き放しだったり、関わらないことによって差別もしていないと勘違いしているのではないかという意見もあった。

Hさん　私が通っていた中学校では、私の一つ下の学年で、身体は女、心は男という生徒がいて、制服は学ランを着用していた。この話は学年集会で教頭先生から聞いた。しかしその後、学年が上がるとその子は保健室登校をしていると聞いた。原因はわからないが、同じ状況を経験した人は少なからずいるだろう。「偏見は持たずに受け入れよう」と口ではなんとでも言えるが、実際の環境、周囲の空気から変えていかなければならない。

カミングアウトされたとき

性的マイノリティの人は身近にはいないという学生は少なくないが、友だちからカミングアウトされて良好な関係を築いている学生は年々増えているように思う。その一方、カミングアウトを受けとめてあげられなかった、またはカミングアウトさせてしまったのではないかと悔いている学生もいる。

Jさん　高3のときに付き合っていた彼氏に「男子が好きなのかもしれない」と言われたことがある。家のことや勉強のことで追い詰められていた私は「私のことは好きじゃなかったんだ」と自分のことばかりで、打ち明けることがどれだけ勇気がいったのか、それでも私に伝えたいと思ってくれた意味を寄り添って考えることができなかった。カミングアウトしてくれるまでの葛藤や辛さをわかってあげられるようになりたい。

Kさん　中学生のとき、女性の先輩から、男性も女性もどちらも恋愛対象という話をされたときがある。しかし、その頃の私はLGBTQという言葉は知っていたが、あまり意味がわかっていなかった。私は先輩の気持ちをしっかり考えずに「それは友だちとして好きの延長線だと思います」と答えてしまった。ジェンダーについて学ぶようになってから、その日のことを後悔するようになった。

カミングアウトするまでどれほど葛藤があったかを想像できなかったというJさん、同性も異性も好きになる人がいることを知らなかったため、先輩の気持ちを考えられなかったというKさんは、性的マイノリティへの偏見・差別の実態や性の多様性を学んでいたら、もっと寄り添えたのにという後悔でもあり、学校で性の多様性を教える必要とあわせて考えている。

カミングアウトされたとき、どうしたら相手を傷つけないかという質問もよくある。特に好意を打ち明けられたときについては難しい。大分県作成の人権啓発マンガ冊子『りんごの色―LGBTを知っていますか？』では、アウティングをしないこと、守秘義務を持っている養護教諭などに相談することを伝えているので、それを紹介している。カミングアウトするときの受け入れてもらえないかもしれないという不安を想像することも大事なことだ。バイセクシュアルだと友だちに言われたとき、「私に話してくれてありがとう。いいじゃん」と言ったら泣かれた。理由を聞くと、友だちを失うかもしれないと思いながら話したからと教えてくれたと書いていた学生もいた。

どこかに正解マニュアルがあるわけではない。日常生活でのジェンダーやセクシュアリティは、私たちが何をどうつくりかえたいかを確かめながら、試行錯誤の積み重ねで少しずつ新しい何かをつくりだしていくしかない。

一方、私たちのジェンダーやセクシュアリティを制限し、差別につながっている法律や制度は政治によって変えなければならない。

昨年度、授業で紹介した映画「カランコエの花」を見た学生が、かつての自分と重ねて感想を寄せてくれた。

周りが当事者のためにみせる「守るつもりの優しさ」があったが、それが逆に本人を傷つけていた。私も、気づかないうちに誰かを傷つけているかもしれない。

中学の時のことを思い出した。女子三人で何気なく恋愛話をしていた時、お互いに好きな人を打ちあけようという話になった。私とAさんは楽しんでいた。しかしBさんは何も言おうとしなかった。「言えないなら全然いいけど、私たちは誰にも言わないよ」と言ったのを今でも覚えている。Bさんがやっと好きな人を教えてくれるとなって「誰にも言わないでね。私ね、○○先輩(女)のこと好きなんだ」とカミングアウトした。性的指向が同性であるから、言いづらい気持ちで悩んでいたのかと分かった。自分の身近にいることに少し戸惑いを感じたが、差別したりいじめをしたり、アウティングすることはもちろんしなかった。「言えないなら全然いいけど、私たちは誰にも言わないよ」とかけたこの言葉は優しさのつもりだった。それが相手にとって圧力だったり強要であることもある。もっと理解があったらもう少し相談に乗れたかもしれないが、Bさんとの恋愛話はその後一切することがなかった。カミングアウトしてくれたことを蔑ろにしてしまったのではないかと今になって反省している。

神谷悠一は性的マイノリティへの差別を「思いやり」で解消しようとすることの誤りを解く中で、ダイアン・J・グッドマンの「偏見」と「抵抗」の違いに着目している。「偏見とは、ある特定の社会集団について　あらかじめ持っている先入観、思考や信念」である。そうした「偏見をなくすには自分なりの解釈や思い込みを自覚し、検証する必要があるが、そのように自己を深く突きつめて考えようとしない気持ちこそが抵抗なのだ」。そして神谷が問題とする「思いやり」は、グッドマンがいう「抵抗」のことだと述べている(神谷悠一『差別は思いやりでは解決しない』集英社新書２０２２第3章)。

善意であっても善意に偏見が滲んでいるとすれば、その理由を考える知識が必要である。性の多様性を生きている高校生が自他の理解を深め、未来を展望する知識を得る重要な場の一つが学校であってほしい。(かたおか　ようこ)

ミニ実践 どうやっているの？HRづくり ―生徒が当事者になるとき―

「総合的な探究」～１年生の担任の視線～

秋田県立高校　柴田洋幸

「総合的な探究の時間」に生徒とどう接してくか。教科指導よりも成長の姿を目の当たりにするチャンスは増すが、それだけに教師による観察や支援が必要な時間でもあると思う。本校の1年次は個人による「地域探究」を進め、3学期は個人の課題設定の準備をしていく時期になる。私は、探究の時間の担当(1学年副主任)として立案と運営をして、できるだけ担任の負担を軽減するように運営してきた。

高校生活の特性を把握して進める

1年生は友人との関係性に流動性や不安定さがある。同一地域の生徒が集まって地域の課題についてグループワークをするとき、中学時代から引きずっている人間関係が活動を停滞させることもあるし、互いに意外な一面を発見することもあるのでおもしろい。出身中学校が同じでも話をしたことのなかった生徒同士が、高校の探究活動で初めて話をして共感して活発に活動している姿を見ることもある。

また、出身地区の異なる生徒のグループを作って自分の地元のことについて互いに発表する段階では、互いに初めて知る地域のことや、クラスメートの反応に驚きを感じながら聞き入っている姿がある。自分の地元のことを知っている自分に対する自尊感情や自信のようなものが垣間見られることも多い。正解のない事柄や思いについての意見交流は生き生きとしていて教師が元気づけられる。一連のグループワークには、共感する、尊重する、自信をつける場面がたくさんある。活動が停滞しそうなグループに担任がそれとなく支援をすることで、気づいていなかったことに目覚めるケースも少なくない。

生徒に寄り添う担任

晴子(仮名)は、比較的遠くから登校しているおとなしい生徒で、同じ中学校出身の生徒で気の合いそうな生徒も少なく、一人でいることが多い。担任は晴子の性格や家庭の事情を把握し、家庭と連絡を取りながら、程よい距離感で声掛けをしている。担任のフォローや見守りが奏功し、性格がかなり違うと思われる同一中学校出身の生徒たちの中でもスムーズに意見交換ができていた。学年全体での発表の機会にも、あらかじめ準備時間を与え、発表に向かう気持ちや不安について、晴子の気持ちを聞いて受け止めながら準備させたところ、上手に発表することができた。本人はこのことで気をよくしたらしく、学年全体の前で発表をしたことについて、家庭で母親にも話していたらしい。今回のことで周囲の生徒からも褒められ、晴子は少し自信が持てたようだった。

学校外の人や地域とつながる

「地域探究」活動の仕上げのプレゼンテーションには、外部の方にコメンテーターをお願いして、大人の視点からのコメントをいただいた。今年度は、運輸会社の社長、社会福祉協議会の職員、地域おこし協力隊の隊員、和紙保存会の会員にお越しいただき発表会を開催して、教室で班ごとに発表した中から生徒の互選をもとにして学年全体での代表者を選んだ。コメンテーターの方々からは、発表内容や態度についてのお褒めの言葉をいただき生徒はご満悦。もちろん友人同士の中からは出てこなかった質問や指摘に戸惑う場面もあった。山間部の地元の良さを語る生徒が、コメンテーターの質問に必死になって答えようと熱弁をふるっている姿に郷土愛を感じないではいられなかった。また、近隣の高校の3年生グループを招いて商業科の「課題研究」の発表をしてもらった。すでに進路が決定している3年生の発表なので自分の将来の姿を想像しながら聞くことができたようだ。

探究するのはあくまで生徒個人

グループで取り組むやり方があるが、個人的には、失敗してもいいから個人で「疑問を持ち、調べ、まとめ、発表し、振り返ること」が大切だと感じている。今年度、生徒は各自の「地域探究」についてスライドを活用して発表しレポートを作成した。個人課題設定後は各自の進路に絡めた多岐に渡るテーマになるので、分野ごとに担当する教員のもとで活動を深めていくことになるだろう。

晴子（仮名）の話に戻る。1年次の担任（現在は下の学年の主任）の晴子への心配は尽きない。一人でいることは多く、積極性も表現力も旺盛なほうではない彼女は、学校生活での不安が体調や行動にも現れることがときどきある。定期的に心のケアのため医療の力も借りるようになっている。2023年度2年生になった彼女は、普通に登校しているが、新年度早々、連続して欠席していた。

これからも、総合的な探究の時間が生徒の成長のための良い機会になるよう立案・運営していきたいと思う。

ミニ実践

どうやっているの？HRづくり
—生徒が当事者になるとき—

探究活動における教師の役割

公立高校 **木村久美子**

柴田先生は探究の時間の学年担当として、担任の負担軽減を念頭に入れ、立案と運営を行った。探究の時間のハード面を柴田先生が担い、生徒の実態に応じた働きかけや支援といったソフト面を担任が担えるようにしたということだろうか。

柴田先生の学校では「地域探究」をテーマとし、同一地域の生徒が集まりグループワークをすることから探究学習がスタートする。自分が暮らす地域の課題を出し合うことが学習の目的だが、実際には、「同じ地域」という括りで集まり、生徒間の繋がりの土台を構築することが本当の目的であろう。中学時代の人間関係を引きずり活動が停滞することもあるが、その一方、出身中学が同じでも接点のなかった同士が言葉を交わし、共感し、活発に活動に取り組む様子も見られるようだ。地域の話題というのは「それ、わかる」という共感を得られやすいため、自分の意見や考えを認めてもらいやすく、人間関係における安心感を得られやすいだろう。

この後活動は、出身地区の異なる生徒でグループを作り、自分の地元について発表をすることに繋がる。「自分の地元のことを知っている自分に対する自尊感情や自信のようなものが垣間見られる」とあるが、探究活動における他者との関わりを通してエンパワーされた生徒の姿であろう。

晴子もまた、エンパワーされた一人だ。晴子の場合は、担任の働きかけや手厚い支援が功を奏し、学年全体の前での発表を成功させることができた。発表のことを母親に話したということは、晴子にとって誇りある経験になったからだろう。とはいえ、2年生になった彼女は、変わらず心身の不安定さがあるようだ。元担任の心配も尽きない。晴子の今後の学校生活がどうなるかはわからないが、探究活動を通して得た自己肯定感や他者に受容される安心感が、今後の人生の糧になってくれればと願う。

「総合的な探究の時間」に生徒とどう接していくか。探究の主役は生徒である。だからこそ教師の伴走力が問われるのだろう。

特集2

外国にルーツを持つ高校生

生徒が車と接触し自転車が壊れたと聞き、「車のナンバーを写メるとか、警察呼ぶとかしないと」と言う私に「センセー甘いよ。僕は高校生で外人。ケーサツが僕を信じるとおもう？」と返されました。一見、他愛なく過ごしているかに見える外国にルーツを持つ生徒。外国にルーツを持たない高校生とは似て非なるリアルを生きていることが見えてきました。かれらと共に生活する過程には、どのような意味と可能性が秘められているのか。かれらの（声にもならない）思いに応えていく実践記録と当事者による語りから学びます。

当事者からの声

違いを楽しめますか？
―日系４世として経験してきた学校世界―

ヒセリ・レオナルド

私は日系４世としてブラジルに生まれた。生まれてから４か月で親の仕事の関係で来日した。父も母も私が生まれたときは19歳、21歳ととても若かった。ブラジルでは正式に会社などで働いた経験があったわけでもなく、クッキングカーを借りてホットドックを売って生活を食いつないでいた。明日食べるお金を稼ぐために働いていたと聞く。日本にルーツがある父方の祖父母が先に出稼ぎのために渡日していた。そのため日本での出稼ぎを勧められたので数年いてブラジルに帰る予定で渡日した。しかし日本に来てみると劣悪な環境のもと仕事をさせられることになる。例えば、給料明細から税でもないものが差し引かれていて、いわれていたよりも低い給料を渡されていた。仕事中は私語厳禁、トイレに行くには上司に許可を取る、定時が12時間労働、プラス２〜３時間の延長は当たり前、休憩がおわる10分前に仕事場について仕事再開など精神的にも酷な環境だったと聞く。特に母は授乳期間であったにもかかわらず私と疎遠になっているため授乳ができなかった辛さもある。こんなにも酷な環境でもブラジルの生活よりかは裕福で当たり前に生活できている環境があったことと、日本の方が子供の教育のためにも良いと判断したこともあり日本にとどまることにした。

そのころ私は同じ日系の人(以下同郷)で長時間ベビーシッターをしてくれる人を転々としていた。あまりにも預ける時間が長いのと保育料を払うお金がなかったため、また預けられたとしても日本語で保育士とコミュニケーションが取れないため、ベビーシッターに頼るしかなかった。しばらくして、頼れるベビーシッターがいなくなったころしかたなく保育園に入ることになった。そこで初めて学校と家庭とのギャップを感じた。ちょうどそのころ言語を習得し始めていた私は、保育園では上手だねと褒められて習った日本語を自慢げに親に披露することが多かった。しかし親の反応は「?」だった。そこで始めて自分はほかのみんなと違うと少しずつ理解するようになった。しかし親にはどうしても伝えたかったため身振り手振りをよく使って伝えようとしていたと聞く。そんな積極性があったからこそ日本語とポルトガル語の2言語を同時に習得することができたと今では思っている。出稼ぎに来た人は、その会社での作業がなくなると自動的に解雇という措置を取られるので、次の現場、次の現場と日本中を転々とする。その影響で小学校1年生後半まで、宮城県、長野県、茨城県、千葉県と転々としてきた。千葉県に移るころには出稼ぎを運営する会社を辞め、両親は同郷の人たちの口伝えで仕事を探すようになり、給料も生活もより安定してきていた。しかしながら私には千葉に移るまでの家族との記憶が全くない。両親は仕事漬け、私は保育園や幼稚園に最後まで残る子であった。

1　違うことは短所なのだという学び

小学校に入学し、低学年の時はまだ周りも自分との違いが判らないため物理的ないじめを受けることは少なかった(自分は白人と日本人の混血のため肌の色に大きな差がなかった)。しかし、「お前お父さん外人だから休み時間一緒に遊ばない！」や「なんで外人なのに足遅いの？なんで背が小さいの？」など言われることが徐々に増えてきた。しかし当時の自分は真に受けることもなく受け流していた。特に傷つかなかったし、自分自身他人との違いについて区別がついていなかった。今振り返ると当時の自分は違いがわかっていても反抗することをあきらめて、その気持ちを押し殺していた感じだった。高学年になるにつれて、自我の芽生えもあり、他人との違いや、悪意のある視線や言動もわかるようになり、嫌悪感を隠せなくなっていた。先生たちにも差別的行動がなかったわけではない。難しかったのは直接的な差別や暴力はされてはいないが、ほかの生徒と違ってハブられることが日常であった。常にワンクッション挟んで接してくる態度が私の心を暗くさせる要因の一つだった。ワンクッション挟まれる原因を当時の自分は考えることができなかったが今になって感じるのは、親が両方外国人で家庭とスムーズにコミュニケーションができないことであり、先生たちは、その問題を解決するのではなく、両方の言語が話せるからというだけの理由で、子どもの私にその役目を押しつけるようになった。

その負担に耐えられなくなって爆発してしまったのは小学校5年生の時だった。担任になった先生は私に対し悪意のある行動しかしなかった。親が処理するような書類を私に押しつけて、それを解決してこないと、彼は日本語を流ちょうに扱えていない小さい子どもをあやすかのように私に接することが日常だった。学校の手紙が読めない親に対してもあきれた態度を私に見せてくるし、処理できなかったことには「外人だから仕方ない」とまとめるような人だった。そうした環境の中で、私は間違った方向で自分は外人なんだと認識させられていた。学校に行くたびに先生から軽蔑的な態度を受けるようになり「これだから日本人は…」と私もそのせいで周りを軽蔑するようになってしまった。教員はHRで一番権力を持っているわけで、その人にみんなの前で怒られ、冷やかされる日々が続くと次第にクラスメイトも同じように接してくるようになった。それに反抗する形で学校へ行きたくなくなっていた。しかし家の中では学校へ行かなくてはいけないと強制されていた。親は学校で起きていることについて、私が経験していることについて全く知らなかったからだ。当時の自分はこの複雑な感情をことばにすることも、伝えることもできなかった。ただ先生を含めみんなが仲間に入れてくれない、腫物扱いのように大げさに気を使われている雰囲気が嫌だった。次第にため込んだ負の感情は親に向かうようになって、親に当たることが多くなった。わざと学校からくる手紙を読まなかったり、お金の連絡もしなかった。親から頼まれた通訳や書類の記入もやらずに日本語ができない親のせいにしていた。なんで10年間も日本に住んでいるのに親は日本語を自分のように勉強しないのかと心ない行動をとっていた。

両親が私を学校に行かせるためにどれだけ働いていて、また私以上に物理的な差別を受けながらお金を入れていたのかを理解することができていなかった。両親は日本の学校システムを知るわけがないので、日本人と外国人との間に生まれるハーフの子ともまた違う境遇だった。学校で起きていることを話そうとしても、日本の学校システムがわからないため、自分でどうにかしなさいとしか言われなかった。助けてくれなかったわけではない。しかし日本語を流ちょうに話せない親が学校に息子の悩みについて話しに行っても感情的な口論になってしまい、一時的な解決にしかならなかった。学校からは付焼刃的な対応をされ、少しの時間が経てば前と変わらぬ状況に戻っていた。このような学校と家庭との間で起きるよどみが継続的に続いたことがつらい小学校時代だった。私が経験していたことはわかりやすい差別ではなかった分、友達にも共感してもらえる話ではなかった。言葉の刃物を常に向けられているような感情だった。その結果、人種や肌の色、他人の目線にとてもセンシティブになってしまった。

この時から、今でも感じていることは、日本では（特に上の世代に多い気がするが）外国人に対する偏見が強い、空気をよませようとする基準が高い気がする。同じ空間に外国人と日本人がいて、どっちかが物を盗んだとしたら警察はまず外国人を取り調べる。どこか根底に外国人は悪い的な気持ちがあるのだと思う。そして何か外国人に問題があるような事象があるとここぞとばかりに集団でたたみかけるように詰め寄ってくる傾向がある。

2　違うことは短所ではないという学び

小学校6年生になり、人生の転機となった担任の今野先生に出会った。今野先生は自分だけでなく他のどの生徒に対しても壁や隔たりがなかった。生徒の素を引き出しくれるような先生で、生徒と同じ目線に立って問題解決のためには最後の最後まで正解を一緒に導きだそうとしてくれる、それまで出会ったことのない先生だった。私を含めたクラス全員の雰囲気を気にしている先生はいなかったので自分の中では衝撃だった。年齢の壁も、先生と生徒という壁もなく平等だった。唯一違ったのは生きてきた時間の長さと経験の量だった。それを惜しむことなく、生徒が悪いことをしたときは全力でしかるような先生だった。そんな今野先生が自分にまずしてくれたことは、学校の手紙をポルトガル語訳することだった。それもほかの生徒に見られるといじめの対象になってしまうのではないかと配慮し見えないように渡してくれた。放置されてヤサグレていた自分の心が晴れていく感じがした。今野先生は外国人である自分にも自分の両親にも壁を作らず、接しようとしていた。

この時どうして今までの先生たちは「違い」を面倒くさがるんだろうと疑問がわいた。その時は考えられなかったのだが、振り返ればそれまでの先生方はマイノリティの言語や文化、話し方、感情の押し出し方、見た目など、すでに存在する様々な壁を乗り越えて接してくれなかった。反対に今野先生はその壁に興味や関心がすごくあった。わたしが二つの言語を流ちょうに話せることをうらやましがったり、社会の授業でブラジルを生徒に紹介したりすることで私の家族の文化などを教えていた。こうして私が短所だと思ってマイノリティとして押しつぶしていたことは長所であることを教えてくれた。

印象に残っている出来事が一つある。家庭訪問の時今野先生は日本の伝統的なお菓子を持ってきて、まず日本の文化を自分の親に教えてくれた。そうなると、自分の親も自然とブラジルのことについて今野先生に教えていた。お互いが理解しようとしあっているようすを見て、そのとき初めて、親が日本人に素顔を見せているところを見た。その空間には偏見も隔たりもなく、言語の壁すらなくなったかに見えた。そのあとも日が暮れるまで自分と遊んでくれた。それは学校で省かれがちな自分を気にして、たてまえで遊んでくれたのではなく、一友人として遊んでくれたのだ。自分だけでなく家族も認められてる感じがして、とてもうれしかった。

見た目などから始まる少しの「違い」に関心を示してくれる姿勢にはとても強いエネルギーがあって、それを前面に出してくれたとき私の気持ちはすごく晴れた。今野先生以降、私をそう扱ってくれた先生は片手で数えられるぐらいだったが、そのエネルギーにはすごく助けられた。

高校では『異文化研究』という選択授業が印象に残っている。その学びから一番大きく影響されていることは、答えのない問いを考え続けることだ。授業ではそれをクラスメイトと共有でき、新しい視点が可視化され聞こえてくるので、自分にとっては馴染のなかった日本人の視点（文化）に深く触れることができた。

相良先生の文章には「周りに知られていない自分の世界観やその葛藤について語りだすときのヒセリの姿勢が軽やかでどう応えたらいいのか瞬時に悩んだ」とあったのだが、私は今でも周りに知られていない一面を見せたり、教えたりすることが必要と感じている。世間では反対にそれを隠すことが当たり前で、つくられた装いのもと人と知り合い、親密になりそうな雰囲気になれば少しずつ自分を見せていく感じがする。だが、その前提にのっているのではむしろ周りから避けられることを、私は学んできた。だから自分自身のバックボーンは隠さない。そんな日本社会の当たり前を覆していたのが『異文化研究』だった。異文化に生きる人間がテーマになりそれについての自分の考えを包み隠さず話せる環境のもと行われていた。

「共生を考える」というテーマは難易度が高かったことを今でも思い出す。なぜ難しいかというと、自分は他者の立場にないからだと思う。ＬＧＢＴＱの人を例に出しても、朝鮮学校に通う人を例に出してもその立場にいない限り、「その人から見た共生を知ることはできない」。この事実を理解し思考することができなかった。つまり自分のなかに共生に対する考えがなかった。たまたま自分の存在がマイノリティなだけだった。授業でだした共生についての意見は「相手を知るのではなく理解する」だった。仲良くなくても理解していれば自分が人に対して嫌な思いを持たなかったからだ。今でも共生についての自分の考えをうまく表現できていないと感じていて、文頭にも書いた通り、大学生になり知見が増えてきたが今もなお、考えながら人とかかわるように心がけている。

3　さいごに

違いをオモシロがれると、会話がスムーズになるし、お互いに悪意がないため本当にいい方向に物事が進んでいく感じがする。反対にそのエネルギーがないと小５までのように、いつもどこかしら壁があって、マイノリティを隠そうと行動をとるようになる。当時の自分は単純に「日本人（先生）は外国人嫌い」ぐらいの理解であったが、今は違う。前向きなエネルギーがあるにもかかわらず、誰かが作ったマニュアルでしか先生を演じることができないのではと考えている。若い世代と話していると、経験してきた嫌なエネルギーを感じることはほとんどない。みんな違いを知りたがるし文化間で生まれるギャップも積極的に受け止めようとしている。外国人に対する偏見の度合いは若い世代を中心に弱まっている気がするが、作られたマニュアルはいまだに更新されてはいないと考えている。

（ひせり・れおなるど）

特集2　外国にルーツを持つ高校生

実践記録①

共生の在りようへ
—異文化研究でのヒセリの学び—

クイーンズランド大学　**相良武紀**

本特集に掲載されているヒセリ・レオナルドさん（以下ヒセリまたはH）の原稿と重ねて読んでほしいです。それは、この実践がヒセリならではのことばの表出に少なからぬ影響を与えていたと振りかえるからです。それは彼の語りが自然と育まれたわけではないということを—当事者のこえが聞こえるようになるには実践が介在する必要があるということを—示す必要があるからです。

ヒセリは、私が担当する高校2年生選択授業『異文化研究』の2020年度履修生でした。この授業は、外国にルーツを持つ高校生との交流を通じて、出会うことのなかった世界に遭遇し、共生について考え行動していくことを目指していました。ヒセリが日系の生い立ちであることからも、この年は、群馬県邑楽《おうら》郡大泉町にあるブラジル学校、『日伯《にっぱく》学園』へのフィールドワークを実施しました。他24名の履修生とともに異文化を尊重するとはどういうことかについて学びを深めることができた一年でした。そんな集団による学びの過程で、ヒセリの語りがどのように変容したのか、記してみたいと思います。鍵括弧「　」は彼が残した実践への応答からの引用です。

ヒセリとはこの授業で出会いました。コロナで6月スタートとなったこの年、4回しかなかった1学期授業の最初に投げかけた問いを「(日本の)大人社会の一員になるのは楽しみですか?」としてみました。学校教育のあり方を含めて、コロナ禍に大人がどう対応しようとしているのか、嫌でも聞こえてくるさまざまな状況をどう眼差しているのか、新しく集まった多様な認識や価値観を知り合うところから、学びはじめたかったからです。自分の意見と理由を付箋に記し黒板に張り付けて貰いました。横軸左が「はい」で右が「いいえ」縦軸上は「絶対」で下を「たぶん」としました。この後、寄せられる感想を生徒に戻し関心が集まったテーマ(教育と差別)について意見を交わす場を重ね、あっという間の1学期を終えました。年度がかわり、新しい生徒との出会いから学ぶことは尽きないのですが、感じざるをえなかったのは、体育祭など楽しみにしていた高校生活がやむを得ないとはいえことごとく制限されることへの(ことばにはならない)生徒たちの割り切れない思いでした。どうにかフィールドワークは実現できないものか。幸いコロナが少し落ち着いていたことや同僚が休日引率を引き受けてくれたことなどが相まって実施することができました。

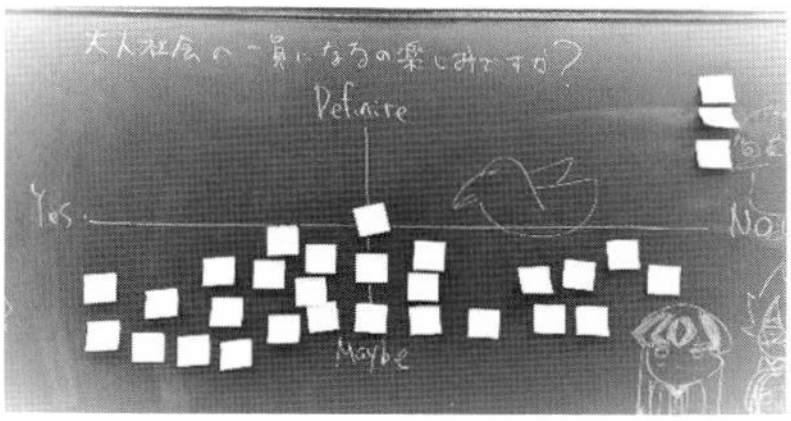

1　交わらない世界を媒介する苦しさと楽しさ

日系ルーツを持つ生徒を担当するのは初めてでした。フィールドワークに向けて現状に詳しいゲストを探しているなか、ヒセリの知人に頼ることはできないかと相談してみたところ、二つ返事で「(思い当たる人はいないけど)自分ができる」というのでした。これまでも、周りにあまり知られてきていない自分の(例えば、障がいや宗教、性別、国籍などに関わるマイノリティ的な)世界観やその葛藤を、当事者が語りだしていく場面には何度も一緒に立ち会ってきたものの、ヒセリが示すその軽やかすぎるともとれる姿勢には、どう応えたら良いものかと瞬時にとても悩みました。それまでの異文化研究メンバーの学び合いのようすを振り返り、大丈夫であろうとお願いすることにしました。前半は私がヒセリ(H)に質問し、後半は履修生から直接質問してもらいました。

M「親は話せないって言っていたけど日本語は自分で勉強したの?」H「そう。物心ついていたときには話せるようになっていた」G「ブラジル学校にはコミュニティがあるって何がちがうの?」H「苦労を支え合うコミュニティが日本にはない。外国人が日本の関係性に入る場合、なんか『固い』感じがして外国人にとっては簡単じゃない」B「ブラジル学校を卒業する人と、日本の学校とでは、日本社会で暮らしていく上で変わりはあるの?」H「たとえば職種が違うと思う。日本の学校を出た高校生は多くが進学するように思う。ブラジル学校は、重工業に入っていく人が圧倒的だと思う」Y「ブラジルに住みたいと思ったことある?」H「東日本震災の後はブラジルへの移住を親が考えた。けど、実際は仕事も簡単に見つからず、治安の悪さも垣間見られて、やはり日本に戻ろうということになった。自分はブラジルに居場所を感じることはできなかった」Z「日本には例えばアメリカ人とかイギリス人とかいるけど、ブラジル人との対応の違いは感じる?」H「英語を話せることの評価が高いなあって思う。ポルトガル語を話せてもそういう評価にはならない」T「日本語がわからないとき、どうしていたの?」H「教科書を学ぶまでは危うかった。親にも聞けないし。わからないけどそのままにわかったふりとかして過ごしていた」J「もしブラジル学校に行っていたらどうなっていた?」H「たぶん学校を辞めて働いていたと思う。日本語も危うくてでも自立していたと思う」

日系人に関わるヒセリの知識の豊かさに驚かされるだけでなく、それまでほぼ語られることのなかったもう一つの世界(観)について、履修生たちに相対し、堂々と応えているようすにただただ感心してしまいました。同時に、なぜそうした語りかたが可能なのかと、疑問を持たずにはいられませんでした。親の通訳として断わるわけにはいかない現実から学ばざるをえなかった彼の歴史に関係していることがのちにわかるのですが。

無事にフィールドワークは実施され、現地に赴かなければできない学びを実現することができました。そこでわたしは、日伯の先生方から、いかにヒセリのケースが異例であるかを教わることとなります。日系ルーツを持つ生徒が現地校に通えていることのほうがとても稀であるという印象をうけました。生まれも育ちも日本であっても日本語がおぼつかない日伯に通うほとんどの中高生と和光高校生とが交流する場になると、自然とそのつなぎを引き受けざるをえなくなるヒセリがいました。交流は自然とサッカーやダンスなどと、非言語的なものになるのですが、私がお願いした話し合いでは、議論が少し深まった場面で、ふとヒセリから、自分は通訳ではなくこの場の当事者だと言わんばかりのメッセージを「通訳したくない」仕草として投げられたのを今も印象深くおぼえています。自分の意志とは関係なく背負わされてきた世界の仲介が、ヒセリにとっては傷になっていることに何も配慮することなくもとめていた自分の無知に気づかされます。帰り際、日伯の先生から送られたヒセリへの励ましには、どこか和光生へのそれとは異なるメッセージを感じざるをえませんでした。同じ歴史的な境遇を背負う若者へのエールであり、またその厳しさを共有している者への敬意でもあり、私立高校での生活に向き合えている彼の健闘を願うような、希望を託すかのような、そんな眼差しを感じていました。

集団はその後、交流したかれらの世界が、自分たちの日常といかに異なるものなのか深めていきました。その際に呼びかけたのが、かれらの世界を、自分の世界から捉えようとするのではなく、かれらの世界から眼差すことができるかが、難しい大事な課題だと説明しました。フィールドワークの感想を読み合い、かれらの世界に迫るための問いを集団で抽出し考える機会を経たうえで、そのために投げかけた私の問いは「もしあなたが日系4世（ヒセリ）であったなら、日伯学園を選びますか？」でした。写真が生徒たちの応答です。横軸左が「日本の学校」で右側を「日伯」縦軸上が「絶対」で下を「たぶん」と位置づけました。ほとんどの生徒が迷いながら付箋を貼っていることが見て取れます。それは、言うまでもなく、この二つの世界

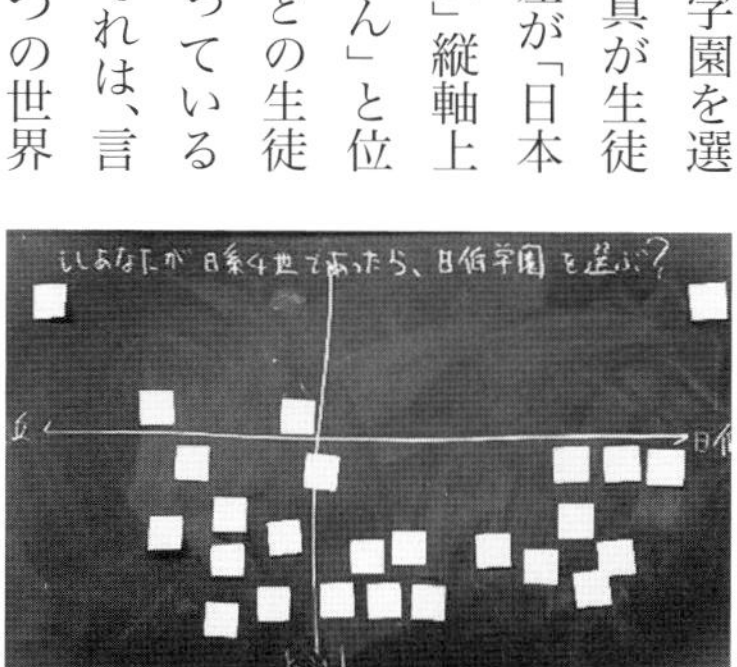
もしあなたが 日系4世であったら、日伯学園を選ぶ？
日伯
たぶん

（日系の世界と日本社会の世界）を行きつ戻りつしてきたヒセリにとっても決して容易な問いではありません。その境はとても曖昧ではっきり分けられる話でもないからです。彼は2学期レポートに「もし自分に…選択権があるのならばまずはブラジル学校を選択すると思う。なぜなら、ブラジルで育ってこなかった分、自分の雰囲気や、コミュニティをブラジルと変えないために行くと思うし、自分と同じ境遇の人が多いって言うのも大いに理由になる」と、日系の高校生にとって、苦労を支え合うコミュニティがいかに自分の雰囲気の形成に大事であるかと意味づけています。一方「だけど、ずっとブラジル人学校に行き続けるのかと言われたら…自分は…多少の差別やいじ

めを受けてでも日本の学校に行きたがると思う」と記しています。その理由は、「半分が自分を嫌っても、半分が自分または外国に興味を持ってくれるだけでも日本の進化のためになる…そんなことができるのであれば喜んで公立に行く」と言うのです。その視点は、どこか二つの世界を行き来しつなげることを強いられてきた経験がある故とも言える、ヒセリならではの願望、つなぎ役がいなければ交わることがほぼない世界をコネクトする可能性に魅せられてもきた、彼の複雑な思いを汲み取ることができます。

2　共生の在りようを探りはじめる

3学期はこれまでの授業をもとに、共生という観点から自分たちの日常を再考していく機会を設けていきました。異文化への理解を深めていきますと、例えば性別や特性、信仰というように、それが外国に関わる話に限られないことに気づいていきます。この年は内進生と外進生との共生について考えていくところからはじまりました。この感想から、共生にかかわる当初の認識を読み取ることができます。「仲良くなりたい人と仲良くするのが一番」とヒセリが記すその意味は、「外部生と内部生でわける時点で良くない」という思いを前提としています。

次の授業では、イスラム教家庭で育つ在校生のAにゲスト参加してもらい、宗教に関わるAの世界(観)について学ぶ場を設けました。この振り返りから「人間と人間なら、話したことない人で偏見をもつのは当たり前だし、対等で平等な人種の壁なんてない」というヒセリの現実的な認識が読み取れます。授業では、この学びをさらに個性の尊重が大事にされる和光高校の学校文化を視点に深めていきました。ヒセリの語り同様、Aの宗教に関わる世界について他生徒や教員のほとんどが知らないで過ごしていることを根拠に私が投げた問いは「和光高校でAは尊重されているといえるのか」でした。と言いますのも、前の授業の振り返りで、Kが大切な振り返りをしてくれていたからです。「和光高校は個性を尊重している方だと思うが、宗教は個性というより『本人(?・)』なのではないかなと思った」と。(?)はKによるものですが、個性とは異なる「本人」とは何を意図するものなのか。明確な説明はK自身もできませんでしたが、少なからずAの話もヒセリのそれも、個人の性質という類におさめられる話ではないという大切な気づきでした。その上で、わたしが質問を投げかけたその意図は、K(他多くの履修生)の次のような理解を問いかけたい思いからでした。『「本人（?・）』について、理解してもらいたければ、言ってくるはずではないのかなと思った。または、そこまで他人に言う話ではないのかもしれない。コミュニティもあるのだから、そこで理解して貰えていればいい（K）」。本人の世界（観）は、個の問題と解消できる話ではないながらも、それを他者に伝えるかは、文字通りその本人によるもので周りにとりたててできることはない、というような振返りでした。果たしてそれで当事者の声が聞こえるようになるのか。Kのコメントを全体に紹介したうえで、彼女が言う「本人の世界（観）」を尊重するとは、どう他者に関わるということなのか考えました。ヒセリは「マイノリティを個性って思ってほしくない」とKによる「本人（?・）」を手がかりに思考を深めています。Kさんが言う本人とは、社会的にも文化的にも周辺化されている弱者の世界（観）であるとした上で「マイノリティを尊重しなくてもいい、でも理解はしよう」と今度はKさんに反論しています。彼は、尊重とは「その人のように生きたいと思った時初めてと尊重（と言える）」と記しています。つまり日系人のように生きたいと思わなくてもいい、でも理解はしようというのです。この理解について彼は自分のHRを考えています。「LGBTQの友達が1人いる…彼が学校で壁を感じていないと言えるか。言えないと思う。確かに（彼の言動が）気に障る時もある。（でも）彼も彼なりに（集団に関わろう）としているのが見えるにも関わらず誰も理解しようとしない」と言います。つまり当事者がどう向き合おうとしているのかを知るために、周りから、Kが言う「本人の世界（観）」を知ろうと努めることが共生につながる理解なのだと。ヒセリが異文化研究で経験した「話し合うとそんな簡単な人生じゃないって思ったし、彼らにしか感じられない痛みも知れた」というような学びが理解であり、そうした関わりが周りからない環境でマイノリティは空気に飲まれるほかないと訴えます。

「ではみんなが気持ちよく…参加するにはどうすればいいのか。結論はわからない。でも少なくともクラスメイトを知ることが大事だと思った。別に友達じゃなくていいし嫌いでもいい。けどあいつはこんな事情があるんだとか…知ってる上での嫌いならいいと思う」と、3学期はじめの「仲良くなりたい人と仲良くするのが一番」という理解とは異なる、共生にむけた自分の在りようを模索しはじめていることばを彼は書き残しています。

（さがら　たけのり）

特集２　外国にルーツを持つ高校生

実践記録②

相模原青陵高校
多文化共生の記録

神奈川県立高等学校　永井慈史

相模原青陵高校がわずか10年足らずの歴史をもって完校（学校としての教育活動の完了を意味する）し３年経つ。たった４年しか勤務していなかったが、教員人生の中でとても大事な４年だったと思う。コロナウィルスの影響で最後の卒業式や完校式に出れなかったこともあり、自分の中で学校が無くなったということをきちんと消化できていなかった気がする。今回、記事を依頼され、相模原青陵高校の多文化共生教育について記録を残せることを、とても嬉しく感じている。

相模原青陵高校（以下青陵）は、入試において在県外国人等特別募集を行い、来日して３年以内注釈1の外国に繋がる生徒を受け入れ、多文化共生を学校の大きな特色として強く打ち出していた。また毎週土曜日、自校のみならず県央地区の外国に繋がる若者の学習支援教室ＣＥＭＬＡ注釈2を運営し、外国に繋がりのある生徒が在籍する学校の情報交換の拠点ともなっていた。同じ地区で外国に繋がりのある生徒が沢山入学しながらも、その多くが辞めてしまう昼間定時制高校に勤務していた自分にとっては、「凄いことをやっている」高校であった。たまたまご縁があり、青陵でＣＥＭＬＡの仕事をやらないかと声をかけていただいた時の高揚感と、転勤が決まった時の背筋が伸びる思いは今でもよく覚えている。

「学校って何だろう」

ＣＥＭＬＡで忘れられない光景がある。アジア系の少女が誰にも付き添われず、ＣＥＭＬＡのチラシを握りしめて、学習教室の入り口を不安そうに覗き込んでいる。「こんにちわ」と声をかけると不安そうな顔で、英語で「ここで勉強したいです」と答える。拙い英語で聞き取りをするとネパールからまだ日本に来て一ヶ月だという。「よく1人でここに来れたね」と言うと、恥ずかしそうにスマホの地図アプリを見せてくれた。「じゃあＣＥＭＬＡでこれから日本語の勉強をしようね」と言うと、必死な目で、「私は高校に行きたい。ここで勉強すれば、日本の高校に行けるの？」と聞いてくる。「もちろんだよ。そのために頑張ろう！」と話しながらも、心の中でもう1人の自分が「日本の高校は、スクールカーストとかイジメとかいろんな問題があるんだ。そんなまっすぐな目で見られても、日本の高校は君の望んでいる学校じゃないかもしれないんだ」と思ってしまう。そして「学校って何だろう？　少なくとも、自分はこの子が日本の高校に行って良かったと思える学校を作らないといけないんだ」との自問自答がはじまったのだった。

1年5組　点描

転勤2年目で、担任として新学年を迎えた。その年の在県外国人等特別募集で入学した生徒は10人。青陵ではその様な生徒をJapanese as Second Language の略である「ＪＳＬ生徒」と呼んでいた。私の学年のＪＳＬ生徒はフィリピン5人、中国3人、ネパール2人というメンバーだった。日本の中学に通って漢字を書ける生徒から、挨拶もままならない生徒までいた。担任クラスにはそのうちの5人が入り、前述のネパールから来た女子生徒Ｓもその中にいた。クラス開きのときに、改まった多文化の話は、特にしなかった。ものすごくゆっくり、優しい日本語で何度も言い換えながら話したのは、「困っている人がいたら助けよう。助けてほしい時は、助けてって言おう。助けてもらうのは恥ずかしいことではないし、次は相手が困っている時に助けてあげられる。世界はそんな風に回っている」当時流行っていた漫画「3月のライオン」のセリフを借りたのだった。青陵は単位制で、職員の加配などもあったため30人学級を行っていた。以前の学校で起こりがちだった、少人数の仲良しグループに分かれてしまい、そのグループ以外の生徒とはほぼ交流がない、ということを防ぎたかったこともあって、とにかくまず生徒同士で会話をさせたいと思い、クラス開きの自己紹介では、よくあるみんなの前で話をさせるというのはやらなかった。2人1組を作り、3分ごとにペアを変えてお互いに自己紹介しあう、というアクティビティーを行った。相手が日本語がまだよく喋れない外国人生徒だということで驚いていた日本人生徒もいたが、頑張って英語で話そうとしていた。フィリピンの生徒が大袈裟なゼスチャーの英語で相手をしてあげている微笑ましい姿が見られた。

「今日、10人と話をできたから、その子達とは、明日の朝は普通に『おはよう』って挨拶ができるし、部活の話やＬＩＮＥ交換できるね。」と言うと、放課後に、喋った同士でＬＩＮＥ交換をしていた。その中にＪＳＬ生徒も入っていて安心した。

連休が終わり、生徒の様子がわかって来たところで、朝のＳＨＲでアクティビティーを入れてみた。「タガログ語ウィーク」などと称して、2週間ずつホームルームの挨拶をＪＳＬ生徒の言語でやってみた。また、クラスには簡単なその国の言葉の表を貼って、「どんどん使ってみな！」と生徒にもけしかけた。最初は照れていたが、両手を合わせてするネパール風の挨拶がクラスで流行ったり、中国語の悪口が飛び交うようになった。

7月には笹を持ち込み、ＨＲの時間に短冊に願い事を書かせた。元気のよい日本人生徒Ａに七夕の説明をさせると、しどろもどろになりながらも「遠距離恋愛しているカップルが一年に一度会える日！」と説明してくれた。「えー、フィリピンの彼氏に会いたーい！」フィリピン人の女子生徒Ｂが言うとみんながどっと沸いた。なぜ短冊に願い事を書くのかは、誰もわかってなかったと思う。

夏休み前に中国人生徒のＫが手術に伴い長期入院することになった。授業のプリントや大事なお知らせを病院に持って行く時に、クラスの生徒に付箋を渡してメッセージを書いてもらい色紙に貼り付けて、一緒に届けた。手術が終わって帰ってきたＫに「手術おわった?!おかえり！」と抱きつく日本人生徒Ａに戸惑いながらもＫは、「中国ではこんなことしてもらったことない。ありがとう」と恥ずかしそうに語った。

2月3日の朝、Ａが何人かの生徒とやってきて、「先生、今日は節分ですよ。豆まきと恵方巻きやりましょう！」と嬉しそうに言ってきた。「いいよ、任せるよ」と言うと、帰りのＳＨＲで、日本の節分についてＪＳＬ生徒にレクチャーをしてくれた。鬼に扮してくれた生徒に向かってみんなで「鬼は外！」と元気よく豆をぶつけていた。また恵方巻きとして、海苔巻きに見立てた長細いチョコレート菓子を北北西の方向を向きながら、みんなで黙って食べていた。行事を楽しもうとする姿勢とＪＳＬ生徒と文化を分かち合おうとすることが、担任として嬉しいエピソードであった。

　ＣＥＭＬＡはＪＳＬの生徒が日本語や教科を勉強する場所であるのと同時に、日本人生徒が外国から来た生徒に日本語を教えるボランティアをしたり、多文化共生について学ぶ場所としても機能していた。1年5組の日本人生徒の中で、ＣＥＭＬＡでボランティアをしてくれる生徒が2人いた。特にクラスの中で働きかけをしたわけではなく、他のクラスと同様に募集の案内ポスターを貼って簡単に説明しただけであったが、その年、ボランティア活動をしてくれたのは、その2人の生徒とカンボジアにルーツのある日本生まれの生徒1人だけであったので、ホームルームにＪＳＬ生徒がいたことが、彼女達の意識を変えたのだと思う。「何でボランティアしようと思ったの？」と聞くと、「単純に楽しそうだし、ＪＳＬの子のこと、もっと知りたいなと思って」と答えてくれたのが印象的であった。彼らは、日本語を教えたり、中学生の数学などを教えてくれたりしていたが、そのうち、日本語教材が高校の現状とかけ離れていることから、『高校で実践的に使える日本語』と称して、部活で先輩に話す時と後輩に話す時の違いやＬＩＮＥに相応しい文体などについてわかりやすい教材を作ってくれた。

　この原稿を書くにあたり、青陵の時の卒業アルバムを引っ張り出してみた。アルバムに挟まっていた生徒たちの手紙を読んで、ちょっと目の奥が熱くなった。「1年生の時の永井先生のクラスはＪＳＬクラスということもあって、ちょっとカオスな感じでした。でも先生がＨＲでお汁粉大会や焼き芋してくれたり、こんな楽しい事学校で企画していいんだって分かって、みんなでハロウィンや豆まきしたり、Ｓに教わってネパールコスプレをみんなでしたり、とっても楽しかったです。なんだかんだ3年の中で、1年5組が一番楽しかったよ。」

多文化交流部

青陵には、多文化交流部という部活があり、JSL生徒は基本的にそこに所属することになっていた。週に数回みんなでお弁当を食べたり、文化祭で自分たちの国を紹介するぐらいで、兼部している生徒も多かったので比較的ゆるく活動していた。

一応部費があるので、何を買いたい?と聞くと、フィリピンの生徒たちが口を揃えて、「電子レンジ!」と言った。「冷たいお弁当嫌だ!あったかいのが食べたいよ」

実はJSL生徒たちの昼食事情は気にはなっていた。手作りのお弁当を持ってくる子は少なく、コンビニや購買で買ったパンを食べる生徒、また「今日はパン買うお金がない」と言って友人から分けてもらう子もいた。副校長に「ミニ子ども食堂みたいなものをやってみたい」と相談すると、やってみていいよとのことだったので、月一度、多文化交流部で昼食を作ることにした。最初は家庭菜園でつくった里芋を使った芋煮汁だった。「あったかくて美味しい!」と大鍋いっぱいの芋煮汁はあっという間に空になってしまった。うどんや大根ばかりのおでんなど、他の先生の協力も仰ぎながら、つくっていたが、次第に生徒たちの国のスープを作ったら楽しいのでは、と思った。

フィリピンのシニガンスープ、韓国の参鶏湯、タイのトムヤンクン、中国のトマトと卵のスープなど生徒たちに作り方を教えてもらいながらつくった。生徒も楽しみにしてくれて、ペルーの生徒からは「これを作って!」とかなり詳細なリクエストをもらった。その子以外は食べたことないので、もう1人の顧問と「これはペルーの潮汁、ということかな?」などと試行錯誤しながらつくったが、正解がわからない。そのペルーの生徒は「ちょっと違うけどまぁ美味しいよ」と気を使ってくれた。

またイスラム教・ヒンズー教の生徒が同時に在籍していたので使えるお肉が鶏肉だけという問題もあった。「先生、シニガンは絶対豚肉の方が美味しい!チキンはダメだよ!」フィリピンの生徒は文句を言いながらも、結局は美味しそうに食べていた。JSL生徒ばかりだったが、日本人の友達を連れてくる子もいた。食べている姿を見ながら『同じ釜の仲間』になってくれればいいな、と思っていた。

多文化交流部には、いろんな国の民族衣装が部の持ち物としてあった。文化祭などの晴れの日は、体験コーナーを作るのだが、ネパールの生徒Sが韓国のチマチョゴリを「これ私のお気に入り!」と着たり、日本人生徒とフィリピン人生徒が中国のカンフーの姿でポーズしながら写真を撮っている。

文化祭のステージでは、ネパールの生徒2人が、自分たちの国の晴れの衣装を着て、ネパールの歌を歌ってくれた。それを見て触発されたのか、ステージで歌うなんて嫌だと言っていたフィリピンチームがアコースティックギターを持ち出して、教室の片隅で急遽ミニライブをしてくれた。盛り上がってネパールの生徒や日本人生徒が入って、「何だったらみんなで歌える？」と相談して、どんどんライブが大きくなっていった。

多文化教育において3Ｆ（Food、Fashion、Festival）と称され、表面だけの理解とされがちな試みではあるが、彼らの楽しそうにしている姿を見ていると、とりあえずは、何もしないで難しいこと考えてるよりいいかなと思ってしまう。合宿と称して、海を見たことがない生徒のためにみんなで海水浴やＢＢＱ旅行をしたこと、地域のお祭りや文化祭で自分たちの国の雑貨やお菓子、フィリピンのかき氷のハロハロを売ったこと、和光高校や朝鮮学校の生徒と交流を深めてディスカッションをしたことなど、沢山のことが思い出される。教員としてこんなに楽しんじゃっていいのかな、というぐらい生徒と楽しく過ごした日々であった。

卒業

3年生の卒業式まで、自分の学年のＪＳＬ生徒を全員卒業させられるか不安で仕方がなかった。いきなり「自分の国の婚約者を呼び寄せるためには、ビザを切り替えたいから、学校を辞めて働く」と言い出した生徒。生活保護を受けながらアルバイトをしていることが福祉事務所にばれて、かなりのお金を返さなくてはならなくなった生徒。恋人との別れ話がこじれて学校で泣き叫び、しばらく学校に来れなくなった生徒。家族には恵まれていると思っていたのに、急に家出してどこにいるのか分からなくなった生徒。ビザが家族滞在で奨学金が借りれず、進学について悩む生徒。楽しい3年間の陰には、沢山のトラブルがあった。多くの先生方や多文化コーディネーター、ＮＰＯなどの多くの力があって10人全員が卒業することができた。福祉事務所やビザの相談会に一緒に付き添いながらも、生徒の家庭の問題にどこまで踏み込んでいいんだろう、と常に迷っていたし、何が彼らにとって幸せなのか、自問自答することも多かった。ただ彼らには「この先○○はどうしたい？日本で生きていくなら、高校の卒業資格と高校の友達は○○の大事な武器になるはずだよ」という話をし続けた。

卒業式の日、ネパール人の生徒Sに、「君がCEMLAに初めて来た時のことを今でも覚えている。Sが卒業して良かったと思える学校を作るのが、自分にとって3年間の大きな課題だった」と伝えた。Sの笑顔と感謝の言葉が、何よりの報いだった。

たまに連絡をくれる卒業生たちが、同じ仕事を続けていることや仕事を辞めても新しい進路をきちんと自分の力で見つけられることにホッとした思いを抱く。そして友達の近況についての報告を聞きながら、彼らが友達と繋がっていてくれることが嬉しい。

多文化共生教育の拠点校として

青陵はCEMLAの運営校として、JSL生徒に対する研究授業や公開授業が年に数回行われたり、ビザやJSL生徒の入試の相談など他校からの問い合わせも多くあり、地域の多文化共生教育の拠点であった。生徒も多文化共生を学校の魅力として捉え、それが理由で入学した生徒もいたのだと思う。

青陵の学校理念の大きな柱として、多文化共生と地域連携の2つがあった。青陵が掲げる多文化共生は、知識としての多文化共生ではなく、生徒達が地域の生活者になった時に、良き隣人として、国籍などの壁を超えてより良い暮らしをお互いに模索できる様にしようという認識が多くの教員の中にはあったように思う。

前任の定時制高校では孤立したり、1人で寂しそうにポツンとしていた外国つながりの生徒を多く見ていたこともあって、自分が青陵でやりたかったこと、やろうとしたことは、「仲間をつくること、学校生活を共に楽しもうとすること」に尽きるのかもしれない。ともすれば自分勝手な教員の暴走になってしまう試みを、温かい目で見守ってくれた当時の管理職や様々な活動をともに楽しみながら手伝ってくれた先輩・同僚教員には本当に感謝している。

「学校って何だろう」という冒頭の自問には、未だ自分の中で確固とした答えが出ていないし、これからも問い続けなければならない問いであると思う。ただ学校という場所が「何を知らないか」を学ぶ所であるとするならば、青陵は日本人生徒もJSL生徒も教員も、様々なことを学ぶことができた場であった。今回は、私が行ったことを報告させていただいているが、青陵の多くの教員がＪＳＬ生徒から、そしてＪＳＬ生徒とともに学ぼうという姿勢を持って、様々な取り組みをしていた。多様な教科の教員が多文化共生科にも所属し、ともすれば学校においてお荷物扱いされてしまいがちなＪＳＬ生徒と、シラバスには明記されていないけど、一市民としてこれからの共生社会の暮らしに必要なことを学び、学ばせようとしていた。生徒達も、その想いに応えてくれていた。「ＪＳＬ生徒と一緒にハイスクールミュージカルを演じてみたいんです」といきなり突飛な提案をしにきた日本人生徒や、フィリピンのことをもっと知ってほしいと、帰国した際に、段ボール数箱のお土産を持って帰ってきてくれたＪＳＬ生徒など、ここには書ききれない沢山のエピソードがある。そんな教員や生徒達の足掻きと模索する心こそが青陵のかけがえのない学校文化であったと思う。

What do you want?／NORIKIYO

NORIKIYOという相模原市出身のラッパーのWhat do you wantという曲がある。ぜひYoutubeで検索して欲しい。相模原とフィリピンが舞台の映画仕立てになっていて、同じ相模原だけど、教員が知らないストリートの多文化共生だなと何度も見てしまう。フィリピンパブで黒服として働くNORIKIYO演じる日本人の主人公は、フィリピン人の彼女と暮らすことを夢見ながらも、ヤクザにおわれ、フィリピンに逃げる。スモーキーマウンテンやマニラの街中でフィリピン人に助けられながら生きる彼を見ながら思う。自分はＪＳＬ生徒を支援したり、助けてきたつもりだったけど、それは裏を返せば、いつか彼らに助けてもらう日のためのものかもしれない。そんな風に世界は回っているのだし。そしてその日が来るのが、とても楽しみなことに気づく。

愚かな僕らを乗せ回る／この惑星はみんなの学校／でも「先生」ってそれを呼んでも／未だ返事がもらえず迷子／What do you want／What do I want

（ながい　よしふみ）

注釈１　現在は日本入国後の在留期間が通算で6年以内に変更された。
注釈２　Center for Multicultural Learning & Activities の略で、多文化学習活動センターの略だが、地域にもひらかれた世界の村、という意味も込められている。

特集2　外国にルーツを持つ高校生

実践記録③

過酷な現実（いま）に揺れる生徒に応えるということは

公立特別支援学校　河上　馨

タクミとの出会い

1年間の育休を終えた私は高校1年生の副担任として復帰した。クラスの生徒は、男女合わせて8名。その中にタクミがいた。主担任は、40代の男性主任教諭のM先生であった。コロナが蔓延し始めたばかりで入学式はできない異例の年だった。ようやく生徒たちの顔を見ることができたのは、6月だった。その中にタクミがいた（母親がフィリピン人であること、日本人の父親とは離れて暮らしていることを、もう少し後に知った）。知的障害が軽度で日本育ちということもあり、会話のやり取りには不都合がなかった。中学からの引継ぎ書類には「いじめ、悪い友達と付き合わないように注意」とあった。タクミは人当たりが良く性根の優しい性格で、卒なく過ごしているかに見えていた。ただ、家庭と連携する難しさを感じていた。毎日連絡帳で学校での様子や必要な提出物などを簡単な日本語で連絡し、タクミからも伝えるように言っていたが、母からは1回も連絡がなかった。母は日本語をあまり読めないようであった。本当に必要な連絡は電話で行ったが、なかなか繋がらず、言語の壁もあり、必要最低限の内容に限られた。分散登校が終わった7月からちらほらと遅刻が目立ってきていたタクミは、ついスマホをいじってしまって夜なかなか眠れないと話していた。M先生が部活動に入ることや朝の筋トレプログラムをタクミに提案した。運動部に入り汗を流すタクミを見て、少し安心したのを今でも覚えている。

学校に友達がいない

9月半ば、タクミの遅刻がさらに目立ってきた。この遅刻には彼の交友関係が関係しているのではないかと、M先生も私も案じていた。10月末には、初めて欠席した。翌日、遅刻してきたタクミに事情を聞いてみると、「昨日はズル休みをしました」とタクミはすぐに白状した。どうやら同じ中学出身だった友達同士4人で遊んでいたらしい。中学の頃は、色々な話が友達とできていたけど、今はそういう気の合う友達がいない。誘われてしまうと、つい、行ってしまうとのことだった。そのなかで、普通高校に通う同じ年のゴウとは特に仲が良いようで、夏休み中も中学の先生に焼き肉を一緒にご馳走になったりして色々な話をしていたということだった。

学校に気の合う友達がいないことの辛さは、私にも理解できた。知的障害の特別支援学校のなかで、タクミの知的障害は、軽度であった。しかし、この学年の他生徒のほとんどは中重度であり、コミュニケーションの質が違っていた。本当は、タクミは友達とじゃれ合いながら何気ない会話を楽しみたいのだろうなと思った。また、私は穏やかなタクミの表情にどこか常に翳を感じていた。タクミの言う通り、たしかに、彼と心を通わせることのできる友達は、少なくとも同じ1年生には見当たらなかった。きっとタクミは今、私が高校生の頃に感じていたような閉塞感やあきらめを感じているのではないだろうか…。ならば、タクミに、何か目標や熱中できること、心の底から楽しめることがあればいいのに、とも思った。タクミは常にどこか醒めていた。スポーツが好きというタクミに、M先生が部活動に入ることや筋トレプログラムを勧めたのには、何か夢中になれる体験を積んでほしい願いがあったからなのだろうなと思った。私はタクミに、学校の中で無理に友達を作れとは言えず、ただ話を聴くことしかできなかった。タクミには今、特に集中して心を配らなくては、とも思った。

11月初旬、3限目の途中に遅刻して登校してきたタクミから、ネクタイを落としてしまったと相談された。学校の最寄りのバス停で降りた時にはあったはずなので、その後、どこかで落としてしまったのかもしれない、ということだった。ネクタイを落とすことなんてあるのだろうか…とも一瞬思ったが、事実がどうであろうと、これは、「あなたを気にかけているよ」というメッセージを示す良い機会だと思った。3限目が終わった後、すぐにネクタイを探しに学校を出たり、その後、M先生も一緒に、学校の最寄り駅やバス会社、交番など、落し物が届きそうな場所に電話で問い合わせたりしたが、残念ながら見つからなかった。

タクミの家庭は2年ほど前から生活保護世帯であった。母は不定期で仕事を行っており、姉も短期のバイトをしていた。寒い日もタクミは上着を身に着けておらず、寒そうにしていたのでマフラーを貸したことがあったり、通学靴の底がはがれてしまっていたり、通学リュックの肩紐が外れてしまったりしていて、学校で補修したこともあった。母には面談の際に、レシートを取っておけば、上着や靴などの学用品も就学奨励費で買えることを説明してきたが、なかなか新しいものが用意されず、母親に迫ることはあきらめ、タクミ本人にも、事務員の方と一緒に就学奨励費で買えるものがあることを何度も説明していたほどだった。ネクタイは、失くしたからといってすぐに気軽に買えるものではないであろうことが想像できた。M先生に相談して、私はタクミに付き添い、学校最寄りの交番に行き遺失届を出すことにした。もはやネクタイが見つかる可能性は低いとは思ったが、失くしたからといって、すぐにあきらめてほしくないという思いがあった。どこか醒めたところのあるタクミに、自分の持ち物も、ひいては自分自身も大切にしてほしいということを伝えたかった。その日は部活動が終わった5時にタクミと学校の玄関で待ち合わせた。私は学校の自転車を引いて、タクミと並んで歩いた。日も沈み、辺りはすっかり暗くなっていた。交番の行き帰りに、色々な話をした。自分自身も財布を落としてしまったことがあったけど、交番に財布を届けてくれた人がいて、その時に、世の中、親切な人がいるのだなとしみじみとありがたく思ったこと。気の合う友達が高校の時にいなくて、つまらなくて辛かったこと。

「え、先生もそうだったんですか。なんか意外です」

タクミは本当に意外だという感じで目を見開いていた。

「そうだよ。でも、長い人生のなかで、学生時代は短いよ。タクミくんはいま高校1年生で高校生活がすごく長く続くように感じると思うけど、過ぎてしまえば、あっという間だよ。それと、この前、職場体験で会社に行ったでしょ。高校を卒業した後は、働いて、自分の働いたお金で好きなこともして、もしかしたら、パートナーもいるかもしれないよ。タクミくんの先輩で、そういう人も実際に何人もいるよ。今は辛いかもしれないけど、自分のために、いま頑張れることを頑張れるといいね…」

交番で遺失届を出したあと、バス停でタクミを見送った。

「先生、今日はありがとうございました」

タクミは笑顔でバスに乗り込み帰った。

タクミの決意

M先生も私もタクミの交友関係が気にかかっていた。タクミの遅刻は相変わらず続いていた。コロナ禍の時差登校で、9時30分登校だったが、11時近くの登校も多かった。夜遅くまでゴウと遊んでいることもあるようだった。ゴウは最近学校をやめてしまって暇なのだという。11月末、見かねたM先生が言った。

「タクミお前さ、相変わらず遅刻が続いているけど、大丈夫なのかよ。部活だって朝の筋トレだって、中途半端じゃねぇかよ。お前頑張るって決めたんだろ？ゴウに誘われるっていうけど、本当の友達なら、お前が頑張りたいことの足を引っ張ることはしねぇんじゃないか？」

「…はい…」

タクミは初めて涙をこぼしていた。翌々日、放課後にタクミから報告があった。

「今日、9時過ぎに家を出て、そのままゴウの家に行きました。『俺は学校に遅刻しないで行きたいと思ってる』って、はっきり伝えてきました」

「ゴウはなんて言ってた？」

M先生も私もタクミの突然の行動力に驚きつつ、そこが気になった。

「『気付かなくてごめんな』って言ってました」

「そうか、よかったな…。ゴウもそこは分かってくれたのか…」

「すみません、今日はその話をしてきたので遅刻してきました」

この件について、M先生と私は、「ゴウが案外いい奴で良かったね」と話していた。そこから冬休みまでは遅刻もだいぶ減り、表情も良く過ごしていた。年末年始に友人関係のトラブルに巻き込まれないか心配して釘もさしていたが、その予感は1月末に的中してしまった。登校してきたタクミの眉毛がない。表情が暗い。本人から話を聞くと、小学校の友達のその友達のすでに学校からは離れ、内装の仕事をしているIくんの家に遊びに行ったら、「眉毛剃ったら?」と言われ、綺麗にしようとしてくれたがうまくいかず、結局全部剃ったという。

バイク事件の発覚

翌日、M先生と私、特別支援コーディネーターの先生も交えてタクミから家庭の状況について放課後に聞き取りを行った。タクミが困っていることは大きく分けて2つあった。母のことと、姉のことだった。母が10月頃から失業をしていること。夜ご飯を用意してくれている時もあるが、していない時もあり、夜に出かけて朝まで帰ってこない時もあること。離れて暮らしている父が週に2回ほどごはんを作りに来てくれることもあり、父も母もいない時は、姉と弟と自分の3人分のお弁当をタクミが買いにいくこと。お金が置いてある場所が決まっていて、そのお金がない時は父や母に電話するが、つながらない時があり、土曜日の夜などにご飯を食べられない時があること。タクミには2つ年上の姉のユキがいて、ユキが高校を中退してから精神的に不安定なこと。姉の精神科の通院にも付き添っているが、「自分は病気じゃない。薬も意味がない」と、本人の足が病院に向かわない。ユキが辛そうにしているのを見ているのが辛い、ということだった。タクミには、近いうちに母や姉も交えて面談をしようとM先生と私、特別支援コーディネーターの先生と3人で話した。なかなか連絡がつかない母親と面談を設定することができたのは、約10日後だった。タクミとタクミの姉、母、弟、M先生と私で面談をすることになったが、母は仕事の都合で急遽来られなくなってしまい、タクミとタクミの姉と弟と担任の計5人で話をした。この日の面談の目的は、母の困り感やタクミの交友関係を聞き出すことと、姉が医療や福祉サービスにつながり少しでもタクミや一家の負担を減らすことが目的だったが、まずは姉の話を聴くことにした。タクミの姉ユキとは、この時に初めて会ったが、好意的にいろいろな話をしてくれた。ユキは高1までは頑張って定時制の高校に登校していた(本当は別の通信制に通いたかったが、費用の面で断念したとのことだった)が、高2になってから学校に通えなくなり中退した。外見のことで同級生から嫌な言葉をかけられ、嫌になってしまったという。それからは、タウンワークなどで色々な仕事に応募しているが、遅刻してしまったり、過去にあった「怖い出来事」のせいか、残酷な思考が止まらないことがあり、息が苦しくなったり、仕事中にも声が出てしまったりしてなかなか仕事が続かなく困っているという。1時間ほど話を聴く間にも、ユキは突然表情が変わって視線が合わなくなり、ブツブツと呟くことがあった。そうか、タクミは毎日これを目の当たりにしているのだな…。タクミの背負っているものの重さを改めてひしひしと感じた。ひとしきり話をしたあと、ユキは「あ〜、スッキリした〜。お話聴いてもらってうれしい。学校の先生に、こんな風にお話聴いてもらったことないもん」と笑った。福祉の支援を受けるためにもまずは保健師さんに相談しようという提案にも、ユキはすんなりと同意した。

その日の面談の後半はタクミの話になった。「先生、実はね…」と、ユキがタクミのことで困っていることを話し始めた。ユキの話に、M先生も私も驚いた。

以前から、ゴウとタクミは「バイクが欲しいね」と話していた。そんな折、共通の友人キシハラくんが、もういらない小型バイクを2万円でくれるという話が出た。1月末、ゴウと自転車を2人乗りしている時に、なんとゴウが勝手にタクミのスマホを使ってキシハラくんに「買い取る」というメッセージを送ってしまった。翌日、ゴウとタクミでバイクを受け取り、タクミの家にバイクを置くことになった。2万円はゴウがタクミに「貸して」支払った。そのバイクは、キシハラくんが先輩からもらったバイクで、改造されていた。プレートもついていなければ、鍵もない、動かないバイクだった。そんないわくつきのバイクを、タクミの家に置いていることが分かり、姉も母も怒っていた。そんなの、本当の友達じゃない。あんたはいいように利用されているだけ、だと。姉が、2万円をゴウに突き渡してバイクからは手を引くようにタクミに話したが、タクミはその2万円を別のことに使ってしまった。友達におごってしまう。たかられている。タクミにはほとほと困っている。M先生も私も、お人よしのタクミが、友達に利用されてはいないだろうかとずっと案じていた。ゴウがここまでひどいとは思っていなかった。以前に、「俺は学校に遅刻しないで行きたいと思っている」と宣言したタクミに、「気付かなくてごめんな」と謝ったというゴウ。2人の関係を大幅に甘く見誤っていたことにこの瞬間、ようやく気が付いた。姉のユキが事の経緯を話す間、タクミは、しまった…とばつの悪い表情をしてうつむいていた。「タクミ、お前、やりやがったな！なんでもっと早く言わねーんだよ！」M先生がタクミに怒った。（その言い方は、キツいよM先生！）と思いつつ、畳みかけて私も言った。「タクミくん、ゴウに腹が立たない？私はすごく腹が立つよ！ゴウとは縁を切った方がいいよ！このままだとタクミくんの幸せを壊されるよ！」タクミはうつむきながら頷いていた。タクミの涙を見るのは2回目だった。「…ゴウには他にも嫌なことがありました。…もうゴウとは関わりたくないです」タクミとユキには、バイクのことを学校の先生に話したことをゴウに言わないよう話した。バイクのことにこれ以上関わらないよう、念押しした。この件はすぐに生活指導部に報告し、翌日校長が警察の少年課に情報提供を行った（少年課でも、キシハラくんの情報は要注意人物として把握しているとのことだった）。警察は、保護者から相談があった際には事情を汲み取って対応してくれるということだった。その翌日には母と姉、生活指導主任も交えて再び面談を行った。「ね、ママ、バイクのこと、ユキが先生に話したからね」面談前にユキが母に言った。母にはイラストも交えながら、生活指導部主任から、事の経緯を改めて説明した。母は明日、警察に相談をしに行くと宣言した。タクミはゴウと縁を切りたいと改めて決意表明した。ユキが補足説明した。実は昨日、家にいる時にゴウから「今から家に来い」とタクミにLINEがきた。ユキがタクミに代わって「距離を置きたい」とLINEを返した。でも、ゴウのパーカーがまだ家に置いてあって、それを返さなければ、ゴウがまた家に来てしまうかもしれないということだった。

「タクミは行ってはダメ。私が荷物を返しに行く」母がきっぱりと宣言した。これまでも面談を何回か行ってきたが、初めて母の本気を感じ取れた思いがした。面談の後半は、家庭の状況とユキの話になった。「お金のことは大丈夫」母は何度も言った。「お金そんなにないけど、でも、本当に、困ってないから。お金はタクミが使っちゃう」母の「困ってない」という言葉に、それ以上、踏み込むことはできなかった。ユキが福祉の支援とつながることは、母も同意した。後日、ユキに付き添い保健センターに行き、保健師さんと面談を行った。もちろんこれで何かすぐに解決するわけではないが、ひとまずは公的な支援に繋げることができた。LINE、インスタグラム、ゼンリー、ゴウと繋がってしまうツールは全てタクミと一緒にアカウント削除した。

タクミはその後スッキリとした表情で登校をしていた。タクミが高2の4月、私は別の学校に異動した。夏休みにはタクミから新しい学校に暑中見舞いが届いた。

「僕は今会いたくて仕方がありません。もしお会いできるとしたら一緒にお話しがしたかったです。最近は現場実習を終えてものすごく大変でした。2日間でしたがとてもいい体験でした。今は遅刻しないで毎日登校してます。河上先生に教わったこと学んだこと忘すれず（まま）に今でも思い出して勉強をしています。1年間だけでしたがとてもいい思い出になりました。いつまでも優しくて素敵な先生でいてください」

国語の授業で指導を受けながら作成したのであろう暑中見舞いであった。ニコニコ笑った手描きの太陽のイラストとともに、小さい葉書にびっしりと丁寧に書かれた文字から、タクミがその後も順調に頑張っていることが伝わってきた。私も丁寧に返信を書いた。私はこの暑中見舞いに、「もう彼は大丈夫だろう」とすっかり安心していた。

想像以上の過酷な現実

卒業式を迎える前日、以前の職場の同僚からタクミの近況が知らされた。高3の始め、タクミの様子がおかしいことに気付いた担任が本人から話を聴いたところ、タクミが違法薬物の運び屋をやらされたことが発覚した。タクミ本人も、断ることができずに薬物を摂取し、中毒になってしまっていた。母にはそこまで重大な出来事との認識がなかったようだった。タクミにこの話を持ちかけたのが、ゴウだったという。タクミはダルク（薬物依存症患者の社会復帰をサポートする施設）の職員と卒業式に参加し、現在は地方で支援を受けている。断ち切れたと思っていたゴウとの関係が切れていなかった。この実践記録を書くにつれて、タクミの現実は、私の想像していたものよりも遥かに過酷で、そんななかでもタクミ自身が何度も揺れながら歩むべき道を選ぼうとしていたことに気が付いた。揺れているタクミを何度も何度も呼び戻す必要があった。もっと母とコミュニケーションを取る必要もあった。他には何をしなければいけなかったのだろうか。問い続けていきたい。

（かわかみ　かおる）

特集２　外国にルーツを持つ高校生

研究論文

外国にルーツを持つ生徒たちの困難とは

千葉県立市川工業高校定時制
相談員支援コーディネーター
（元千葉県立高校教員）
時原千恵子

１　はじめに

最初におことわりしておきたいが、本稿は本誌１８７号（２０１０）の「『言語権』との出会い」の内容と一部重なる部分があることをご容赦いただきたい。

（１）私の原体験

１９９０年代後半、近隣の高校教員の間で、なぜか外国ルーツの生徒が増えていること、その対応に苦慮していることなどが話題になり始めた。１９９９年1月、地区研修会で日系ペルー人ミゲル（仮名）家族（両親・本人・弟）が、「スペイン語を母語とする我が家の生活」というテーマで講演を行った。母親は一家の直面する問題は「言語・教育・差別」だと指摘した。同年4月、私はミゲルの通う高校に異動し、副担任および英語の授業担当となった。そして、徐々にミゲルの抱える困難の大きさに驚くことになる。

小学校4年生で来日、8年後高校3年生となっていた彼は、流暢な日本語を話しているのに、作文はほとんど書けなかった。普段は感情を表に出さない彼が「大学に行ってスペイン語を勉強したい。日本語でわからなくなるとスペイン語に逃げ、スペイン語でわからなくなると日本語に逃げる自分が嫌だ。ちゃんと使える言葉を身につけたい。」と、いつになく強い口調で訴えたのである。

（2）外国ルーツの生徒を取り巻く状況

出入国在留管理庁の統計によれば、2022年現在、在留外国人数は約296万人で、2012年の1.46倍、2020年・2021年は一時的にやや減少したものの、コロナ前の約293万人を既に超えており、今後はさらに増加の一途をたどることが予想される。

1990年、「出入国管理及び難民認定法」（入管法）が大きく改定された後、何回かの改定を経て、今また政府は「特定技能2号」（在留期間の更新の上限がなく家族も帯同できる外国人労働者の枠）を拡大する方針を発表した。しかし、外国人を「労働力」としかみなさず、「移民政策はとらない」中で、子どもたちの教育に関する公的な支援策に大きな変化は見られない。

文部科学省の「日本語指導が必要な児童生徒の受入状況等に関する調査」（2021年度）によれば、日本語指導が必要な外国人児童生徒の多い都道府県は、小学校から高校までの合計では、愛知が群を抜いて1位、次に神奈川、静岡、東京と続き、高校生だけに絞ってみると、東京、愛知、神奈川、大阪の順となり、地域差は大きい。

公立学校（傍線、筆者）に在籍している外国籍の児童生徒数は114，853人で過去最多であり2010年の1.55倍、日本語指導が必要な児童生徒数（日本国籍も含む）は1.7倍の58，307人となっている。また、日本語指導が必要な高校生の中途退学率は6.7％（全高校生1.0％）、進学率51.8％（同73.4％）、就職者における非正規就職率は39.0％（同3.3％）とある。数字だけでも全高校生との差は歴然としており、関係者にとっては大きな衝撃だった。

また、調査には「特別の教育課程[※1]」の実施状況の項目があるが、未実施の小・中学校が30％程度あることがわかる。今年度（2023年度）から高校でも実施されているはずだが、実態はどうであろうか。

2　実践報告に見る外国ルーツの生徒たちの困難

ヒセリやタクミ（以下、生徒名敬称略）に見られるように、外国ルーツの生徒の多くはいじめを経験している。外見や言葉を含む文化の面で異質な存在がなかなか受け入れられない。

どんな教員に出会うかは運次第という側面もある。ヒセリは、小学校6年生で今野先生に出会えたことは幸運だった。彼のアイデンティティはずっと揺らいでいたが、「違い」が「長所」であり豊かであることを今野先生が理解させてくれた。しかし、学校全体にも外国ルーツの生徒への支援体制がもっと整っていたらと思わずにはいられない。高校では相良さんに出会い、「異文化研究」の授業を通して自分の経験の意味を考え、それを言語化するに至る。「日伯学園」でのフィールドワークというダイナミックな活動もそれを促したと思われる。そして、そこには相良さんの粘り強く丁寧な問いかけと聞き取りがあった。タクミや姉のユキも、ひたすら「話を聴くこと」をしてくれる河上さんに出会えた。「JSL生徒」は永井さんのクラスで、いろいろな試みの主役になれた。

外国ルーツの親は日本語ができない可能性が高い。特に学校から渡される保護者宛文書は難しい表現や漢字が多くて読めないし、ましてや日本語は書けない。教員にとって親との連携が難しい原因でもある。そして、ヒセリのように、本人（子ども）が日本語を習得したがゆえの親とのすれ違いもよく起こってしまうことだ。そして、子どもが双方の通訳の役割を担わされてしまうのも、大きな負担となる。

外国ルーツの生徒への支援は一人では難しく、「連携」はとても重要になる。河上さんは、担任・特別支援コーディネーターと一緒にタクミの話に耳を傾ける。さらには、保健師と連携をしながら公的な支援を取り付けていく。日本人生徒にはない様々な困難を抱えている彼・彼女たちのためには、特に多岐にわたる連携が必要である。

永井さんの報告にあるCEMLAについては、創設当時友人から聞いたことがあり、その点でも興味深かった。地域に多文化学習のセンターが存在する意味は大きい。その運営と同時にJSL生徒が10人在籍するクラスを担任するのは人知れない苦労があっただろうが、永井さんはそれを楽しげにやってのける。また、「3F」を通して異文化の壁を低くすることで、生徒たちはお互いの文化を理解しよう・理解してもらおうと変化していくのがわかる。また、教員たちも「JSL生徒とともに一市民として」共生社会を目指して学ぼうという姿勢に注目したい。

永井さんの実践には、上下の意識や、JSL生徒たちが「恩恵」の対象という意味合いは感じられない。だからこそ、最後の「助けてきた」「助けてもらう」という表現には少し違和感を感じる。

私は、私たちの教育活動が彼・彼女たちの権利を保障する行為だと捉えるようになった。その経緯については、後述の「言語権」をお読みいただきたい。

3　外国ルーツの生徒の困難を読み解く3つの視点

(1) アイデンティティ

「帰属性」「自分は何者であるか」など、さまざまな言葉に置き換えられるが、定義はなかなか難しい。しかも、追い詰められない限り、多くの人はアイデンティティを意識することはない。そして、多くの要素がアイデンティティを構成する。

しかし、人は言語を通して思考するのであれば、言語は自己を表現する重要な手段と言える。母語を否定されれば母語による自己を肯定することは難しい。そして、母語確立期に自分の母語ではない言語にさらされている子どもたちは、さらに厳しい条件下にあると言ってよい。生きていくために第2言語に熱心になるあまり母語能力の育成がおろそかになった時、自己表現の手段を持てなくなる危険性が出てくる。ミゲルがそうだった。

アメラジアンスクール[※2]に勤務する外国ルーツの教員が言った。「アイデンティティを試されるのは世界のどこでもそうだけど、やっぱり日本が一番きつい。僕は日本生まれだけど、周りは日々僕が日本を知らないことを証明しようとするんだ。日本は本来もっとぬくもりのある社会だったはずなのに。」彼は、多くの葛藤を経て、自分のアイデンティティは「地球人」、さらに「自分自身」という境地だと語った。

ヒセリが、「選べるのであれば、まずはブラジル学校に行くが、最終的には日本の公立学校に行くと思う」と言えたのは、彼独自のアイデンティティを獲得したからではないか。「日系ブラジル人」は大きな要素ではあるが、それを超えてヒセリはヒセリであるという段階に達したのではないか。二人には通底するものを感じる。

(2) (日常) 生活言語と学習 (思考) 言語

外国からやってきた子どもが、かなり短期間で日常会話には不自由がないほどに日本語が上達するのに、授業ではなぜかつまづいたり、日本語の作文が書けないということがある。そのような現象は、カミンズを初めとする研究者たちによる「生活言語」能力と「学習言語」能力の区別で説明されるだろう。前者は具体的内容について対面での、後者は抽象的な内容についてことばだけで理解し表現する力である。子どもたちにとって、生活言語としての日本語は1～2年である程度操れるようになるが、学習言語は5～7年かかると言われる。子どもたちの日本語の「表面上の流暢さ」のために、言語的困難は気づかれない。

「日常生活言語から学習思考言語に深まるのが高校時代であることを思うと、高校でこそ日本語の本格的な学習が必要である」（佐久間２００５）ことを考えれば、ヒセリはまさに高校時代に抽象的思考をする機会を与えられ、日本語でもそれを表現する力を得たのだと思う。彼の文章がそれを裏付けている。

しかし、全ての子どもたちにとってそれが可能とは限らず、言語習得の状況が多様であることは理解されにくい。「日本に何年もいるのに、なぜ日本語ができないのか。」という指摘は酷な場合もある。子どもたちにとって日本語習得が第一かつ唯一の目標ではなく、言語習得の全体像を考えることが重要なのである。

（3）「言語権」という概念

外国ルーツの生徒にかかわり始め、彼・彼女たちの困難を少しずつ理解できるようになった頃、その対応にかける労力と時間をどう捉えるか、自分の中で整理しきれないでいた。それを一変させてくれたのが、琉球大学大学院の授業で石原昌英先生が示してくださった「言語権」ということばと概念だった。

もともとは、ヨーロッパ国内の言語的少数者の「言語的人権」として論じられてきており、私なりの解釈で端的にいえば、母語を使用する権利と（実質的な）公用語を学習する権利のことである。つまり、「言語権」は人権の一部であり、人間の平等という概念を言語的に適用しようという試みだと言える。代表的論者のカンガスは「教育における言語権こそもっとも重要な言語的人権だといいたい」と主張している。

日本において考えれば、日本語を学習する権利であり、母語さらには母文化を保持する権利だと言える。そして、日本に住む彼・彼女たちの権利を保障するのは誰か。それは他ならぬ私たち―政府から私自身まで―ということを明らかにしてくれたのだった。

長い間日本の学校の基本姿勢は、いかなる入学生に対しても「特別扱いをすべきではない」という原則に貫かれてきた。そのため、外国ルーツの子どもたちを受け入れるための「特別な」体制作りが遅れ、特に高校は日本人と同じ試験に合格したという理由で特別な配慮が一層されにくくなっていた。該当生徒が5人未満の学校数が今でも7割を超えており（前掲文科省調査2021）、学校全体で取り組む課題とはなりにくい状況が続いている。何らかの「特別扱い」は「恩恵」や「施し」という意識を生み、彼・彼女たちへの対応は余分な仕事と考えられがちである。しかし、「言語権」の観点からすれば、権利の保障という責務を実行しているにすぎない。「言語権」は外国ルーツの子どもたちに対する意識を大きく変える概念と言える。さらには、母語・母文化保障の重要性はどれほど認識されているだろうか。「家庭でも日本語を話しなさい」という指導は、母語を保持する権利の観点からしても誤りなのである。

4　サポート・支援体制

（1）教育現場において

学校現場での支援・サポートはいろいろな形で行われているが、その内容は自治体や学校によって大きな差がある。教育課程に設定された「日本語」の授業、取り出し授業、入り込み（付き添い）授業などを実施している学校もあれば、正式にはまったく支援体制を持っていない学校も少なくない。どんな状況下でも、困っている生徒を前にすれば、定期考査にルビをふったり補習をしたり、日本語を教えたりと現場の努力は続けられてきた。つまり、多くの学校ではそのような教員の善意や熱意に任されてきたと言える。

「全国高校入試調査」[※3]は、全国的な状況を明らかにしようと2001年に開始された。各都道府県の担当者が教育委員会に対し調査票記入を依頼する形をとっている。当初は入試制度についての調査が主な目的だったが、最近は「入学後の支援について」も重要な項目になっている。

千葉県を例にあげれば、「外国人児童生徒等教育相談員」制度がある。原則として週1回の勤務で、生徒の授業サポート、日本語指導、通訳・翻訳、保護者への連絡などを行う。私は、2017年度から4年間担当し、2021年度からは「相談員支援コーディネーター」という肩書で週2～3回勤務している。今ある制度が充分とは言えなくても最大限活用し、他の相談員との連携も心がけている。

(2) 高校進学・進路ガイダンス

外国ルーツの子どもたちにとって、まずは高校進学が大きな困難となる。教育のシステムが出身国と大きく異なるうえ、言語が壁となり情報が子どもや親に届きにくい。そのような状況を少しでも改善しようと始められたのが、「高校進学・進路ガイダンス」である。地域によって実施形態は様々だが、主に高校受験について通訳・翻訳(10言語以上を用意しているところもある)をつけて該当中学生や親に高校受験について説明する。自治体の教育委員会と連携している場合もあれば、完全なるボランティア主体のところもある。現在では、さらに高校卒業後の進路ガイダンスも重要視され始めている。

この20年余り、主に関東圏の主催者同士の情報交換会が年1回行われてきた。この3年間はコロナの影響でオンライン実施を余儀なくされたが、むしろ全国からの参加が容易となり、ネットワーク作りが進みつつある。

5 法的な進展

憲法26条1項に「すべて国民は、法律の定めるところにより、その能力に応じて、ひとしく教育を受ける権利を有する。」という条文がある。この「国民」は日本国籍に限定され外国籍の子どもは含まれないとする考え方が長い間あった。一方で、外国ルーツの子どもの不就学状況を調査し、実態を明らかにすることで教育政策の前進につなげた研究者もいる。

２０１６年、「教育機会確保法」が成立、施行された。その第3条に「義務教育の段階における普通教育に相当する教育を十分に受けていない者の意思を十分に尊重しつつ、その年齢又は国籍（傍線、筆者）その他の置かれている事情にかかわりなく、その能力に応じた教育を受ける機会が確保されるように（後略）」とある。ここでは「国籍にかかわりなく」と明記されており、子どもたちは全てひとしく教育を受ける権利があることは疑う余地がない。

２０１９年、「日本語教育促進法」が公布、施行された。「日本語教育を受けることを希望する外国人等(日本語に通じない外国人及び日本の国籍を有する者)に対し」教育現場において日本語教育の機会を確保しなければならない法的根拠となっている。

6　おわりに

外国にルーツを持つ生徒たちとかかわって25年になる。生徒たちが来日する理由や出身国は大きく変化している。しかし、彼・彼女たちが抱える困難はほとんど変わらない。

現勤務校には、アフガニスタン、スリランカ、ネパール、ペルー、フィリピン、イラン、エジプト出身の16名の生徒が在籍している。現在の私の仕事自体が、彼・彼女たちを「特別扱い」する体制の中にある。しかし、困難に対しての「特別扱い」は必要でも、彼・彼女たちを学校やクラスの中で「特別な存在」とみなすことはないし、「腫物扱い」することもない。また、生徒の出身国の文化を理解することは、生徒本人を理解する第一歩であって、全てではないと考えている。

彼・彼女たちは、日本人生徒と同様に一人ひとり異なるという、全く当然の事実に帰着するのである。

（ときはら　ちえこ）

〈注釈〉

※1　「児童生徒が学校生活を送る上や教科等の授業を理解する上で必要な日本語の指導を、在籍学級の教育課程の一部の時間に替えて、在籍学級以外の教室で行い、高校では卒業単位として認定する。」とされている。

※2　アメラジアンスクール・イン・オキナワ（AASO）のこと。1998年創設。バイリンガル・バイカルシャル教育を目指し、学習言語としての日本語と英語の習得を促すため、主要教科は両言語で行っている。

※3　「外国人生徒・中国帰国生徒等高校入試特別措置・特別入学枠等調査」のこと。当初、中国帰国者定着促進センターによって調査が始められたが、2016年度より「外国人生徒・中国帰国生徒等の高校入試を応援する有志の会」（ボランティア）が調査を引き継いでいる。筆者も2020年から千葉県の担当になっている。調査結果は左記のサイトに公開されている。

https://x.gd/YdUuR

〈主な参考文献〉

ロバート・フィリプソン、トーヴェ・スクトナブ＝カンガス　木村護郎訳「言語的不正と言語権」『ことばへの権利　言語権とはなにか』（三元社、1999）

佐久間孝正　「多文化に開かれた教育に向けて」『外国人の子どもと日本の教育―不就学問題と多文化共生の課題』（2005、東京大学出版会）p.228

若者座談会ージェンダーが自分の問題となるときー

有田みどり・小波津義嵩・外本かおる・松林宏樹

学校生活でのジェンダー

松林：これから若者座談会を始めます。私は、学級で使う生徒のネームマグネットを作ったときに、所属する委員会を決定するときなどで男女別を求められることが多いので色を分けました。小さな抵抗ですが、赤と青ではなく、緑と黄色にしました。

有田：あるよね、理由がよくわからない性別による分類って。だから、規約を変えたことがあります。

松林：いいですね。委員会の男女バランスをなど、内面化して疑問にも思わないことがたくさんあるよね。また、「男の先生だから、厳しく叱らないといけない。なめられて生徒が従わなくなるぞ」と学年主任から脅されたことがありました。

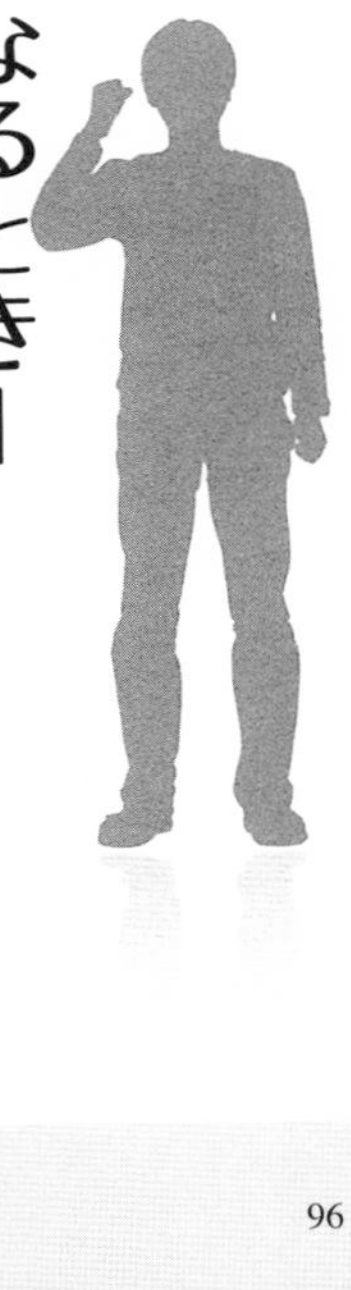

有田：私も女だけどそういうことがありました。「女の先生はなめられるから、厳しくしないといけない」と「男らしさ」を指導教官に言われました。

外本：いい意味でなめられることで、団結することだってあると思います。先生はドジだけど、私たちがしっかりすればいいから頑張ろうっていう学級がありました。

小波津：私は、塾でアルバイトをしているときに、わからない問題があってどうしようか迷っていると、塾長に「なめられるから、わからない問題があってもわかるふりをしろ」と言われました。そうしたら、生徒に「よく考えろ」くらいしか言えなくなって、パワハラ上司みたいになってしまった。

松林：でも、学級の土台には、安全・安心があると思います。生徒を本気で守ってくれるかどうかを示すことは信頼関係の土台にもなる。安全・安心が脅かされた時に叱らないと、悪い意味のなめられるになると思う。

働き方におけるジェンダー

松林：私がいま勤めている学校では、「主任」は、全て男性が担っています。管理職も全て男性です。

有田：私が勤めていた学校では、女性の主任もいましたが、割合は少なかったですね。女性は、結婚して子どもを産むと、休みを取らざるを得ない。その間の「ブランク」が原因で主任の男女バランスがあると思う。

外本：結婚したことによって「ブランク」ができて、男性とのキャリアに差が生まれてしまうのが嫌です。同僚の女性の先生にも同じ考えの人がいました。職場に産休、育休を取った先生を下に見る傾向があって、その先生は、子どもを産んでたった2カ月で復帰しました。そういう雰囲気があると不安です。

有田：下に見られないとしても、夫と比べて私の方がやりたいことがたくさんあるのに、子育てのためにやりたいことを抑えないといけないって納得できません。

ジェンダーに抗する

松林：ジェンダーの問題の根本には、相手を自分の思い通りに動かしたいという支配関係みたいなものがあるのではと考えました。「男なんだから」「女性らしく」と性別を理由にして、相手を自分の意のままにしたいという欲求がジェンダーを産んでいると思います。

有田：なるほど。それで意のままに行動しない人が、「主任を任されない」とか「下に見られる」といった差別を受けるということですね。

小波津：学校って違う価値観に出会う場所なのに、意のままに管理するために「男らしさ」「女らしさ」を使っているから、ジェンダーが再生産されてしまう。

外本：子どもの方が、古い価値観をもっていないから、新しい社会をつくっていけると思うけど、それを先生たちが邪魔をする構図になっていますね。

有田：だからこそ、学校の先生はジェンダーについて、自覚的にならないといけないのですね。

小波津：松林さんがネームマグネットを作ったときに、男女を赤と青にわけなかったような、小さなことからでも良いと思う。そういう積み重ねがジェンダーの再生産を止めることに繋がるんじゃないかな。

松林：なるほど。すごく勉強になって楽しかったです。ありがとうございました。

連載 高校教育最新事情

「教育DX」と学校のあり方を考える

子どもの権利・教育・文化 全国センター事務局次長 糀谷陽子

1. すすむ教育のデジタル化

来年度から使用される新教科書の展示が始まりました。小学校の教科書は、「1人1台端末」の導入を前提に、「QRコード」などの二次元コードが数多くつき、端末を使った学習が推奨されています。「QRコードで学習が深まるというが、あらかじめ用意された資料や動画を閲覧するだけでは、主体的な学習とは言えないのでは…」など、さまざまな声が上がっています。

コロナ禍のもと、急激に進められた「GIGAスクール構想」によって、「せっかく端末が入ったのだから、必ず使え」という押しつけが強まり、それに対して「端末はあくまでツール。どの場面でどう使う・使わないは教師が決める」という議論と実践が広がりました。

また、保護者の経済的負担が増えたり、格差によって子どもたちが苦しんだりしないよう、修繕や数年後の買い替えを公費で行なうことを求める声、高校では「BYOD」方式に反対する声が強まりました。

このように、「GIGAスクール構想」への対応は一定広がっていますが、その先にある「教育DX（デジタル・トランスフォーメーション）」に対するとりくみには、まだ多くの課題があるのではないでしょうか。この稿では、その点を考えてみたいと思います。

2. 「教育DX」とは?

(1) 「教育DX」でこれからの学校は?

そもそも「教育DX」とは何か?デジタル化を通して、子どもたちの学習や授業、教職員の業務、学校のあり方など、教育のあり方全般を大きく変革しようということのようです。それを推進する主軸は、文部科学省より、経済産業省やデジタル庁、内閣府などの方が全面に出ています。

①経産省「未来の教室」

経産省は2018年から「『未来の教室』とEdTech研究会」を立ち上げ、デジタル化による学習と学校の変革の姿を2回の「提言」で示しました。

その柱の第一は、「学びの自立化・個別最適化」です。ビッグデータを活用したAIドリルによって、教科の学習を「その子の理解度に合わせて」効果的に行い、それによって学習時間を短縮できるとしています。

第二の柱は「学びのSTEAM化」。「STEAM」とは、科学・技術・工学・リベラルアーツ・数学の頭文字を組み合わせた造語で、これらを駆使して行う、教科横断的で探究的な学習だということです。

第三の柱は、そのための「新しい学習基盤づくり」です。第一・第二の学びをすすめるためには、「一律・一斉・一方向型授業」や「履修主義・学年制・標準授業時数・狭い『対面』の考え方」を乗り越えた、「デジタル・ファースト」で「社会とシームレスな学校」が求められるとし、それを「未来の教室」と呼んでいます。

②内閣府「政策パッケージ」

内閣府の「総合科学技術・イノベーション会議」は経産省の産業構造審議会委員と文科省の中央教育審議会の委員を加えた「教育・人材育成ワーキンググループ」を設置し、10か月の審議を経て2022年6月、「Society 5.0の実現に向けた教育・人材育成に関する政策パッケージ」を発表しました。

その内容は、「子供の特性を重視した『時間』と『空間』の多様化」「探究・STEAM教育を社会全体で支えるエコシステムの確立」といった「政策」名からもわかるように、経産省の「未来の教室」に沿ったものです。

特に資料①は、「学校がすべての分野・機能を担う状態」から「分野や機能ごとの多層構造・協働体制」に変革しようという提案です。いま学校で行っている学習や行事などの活動、福祉的・メンタル面のケアの多くの部分を、部活動に至ってはそのすべてを、「社会・民間の力」に委ねるというもので

資料①「Society5.0の実現に向けた教育・人材育成に関する政策パッケージ」のスライド24より

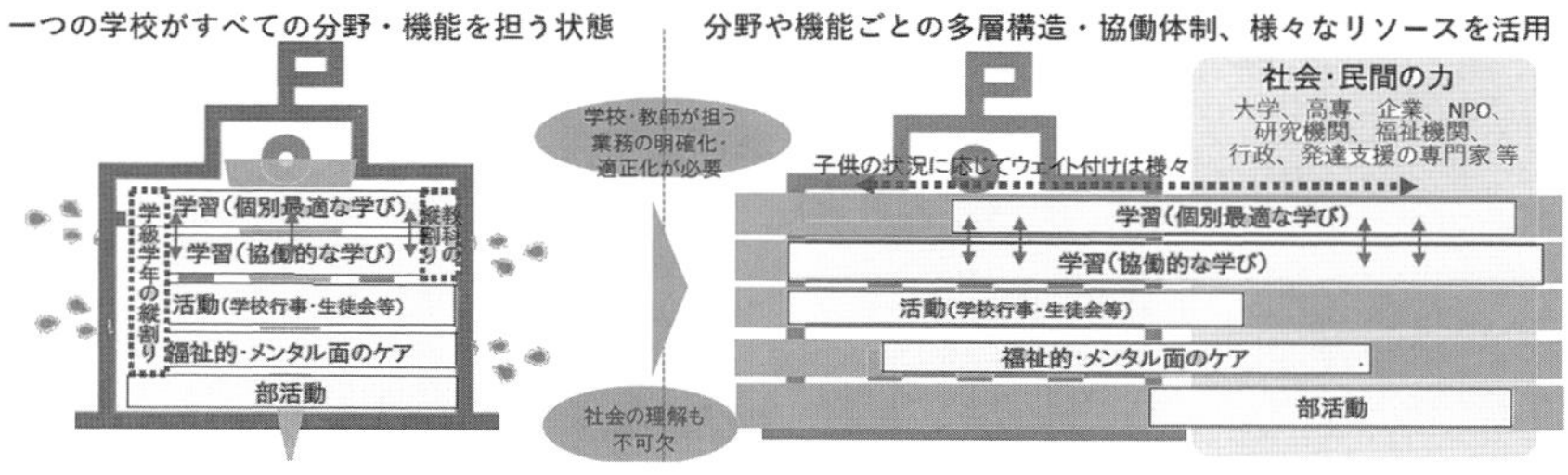

す。「公教育が朽ち溶け、教育全体を民間企業が担っていく」（※1）とは、まさにこのことだと思いました。

(2)何が問題か

①この「学び」で子どもが育つか

「未来の教室」実証事業に参加した、ある公立高校の公開授業を参観して、2つの違和感を持ちました。

1つは「個別最適化」された国語の授業で。生徒一人ひとりがタブレットに向かって、「読解力を高める」ための練習問題にとりくんでいました。その静けさ。せっかく同じ空間にいるのに、なぜ話し合わないの？ なぜ先生は授業をしないの？「読解力を高める」のであれば、みんなで話し合って他の人の意見を聞きながら考えた方がよほど力がつくのではないかと思いました。

生徒たちがあまり楽しそうでなかったことも気になりました。「その子の理解度に合わせて」というが、「身の丈に合った」学習課題の提供ではないかと言う指摘（※2）もあります。

もう1つの違和感は「協働」学習の発表会で。「STEAM教育」＝「探究」の時間で、10人程度のグループに「メンター」と呼ばれる大学生がついて、地元の企業を見学し、学んだことをまとめて発表し合っていました。発表の内容はほとんどが企業の宣伝で、「メンター」が評価したのは、発表の中身ではなく発表のしかたでした。こちらは楽しそうではありましたが、結局は教育産業や企業が用意した枠の中での「探究」ではないかと思いました。

③コロナ禍で見えてきた学校の役割

「学校は、学習機会と学力を保障するという役割のみならず、全人的な発達・成長を保障する役割や、人と安全・安心につながることのできる居場所・セーフティネットとして身体的、精神的な健康を保障するという福祉的な役割をも担っている」。これは、第10期中教審答申「『令和の日本型学校教育』の構築をめざして」（2021年1月）の一節です。コロナ禍のあの一律休校・学校再開の経験を経て、多くの人が、話ができる仲間や大人がいて、安心して過ごせる〝居場所〟としての学校の役割に改めて気づかされたのではないでしょうか。「教育DX」が描く「学校」と「教室」には、それがありません。

(3)そのねらいは？

次ページの資料②は、佐藤学さん（東京大学名誉教授）が、経産省の資料をもとに、「未来の教室」の構造とねらいを整理したものです。

産業界などからの要請（下からの矢印）にこたえて、学校教育（左側の円）と教育産業・IT産業（右側の円）との「一体化」を図るという意味で、「GIGAスクール構想」が、2つの円が重なり合うまん中に置かれています。

しかし、両側のそれぞれの円と中央の円をつなぐ矢印の向きは、すべて右から左です。学校教育と教育産業の「一

資料②「未来の教室」の推進体制（※3）

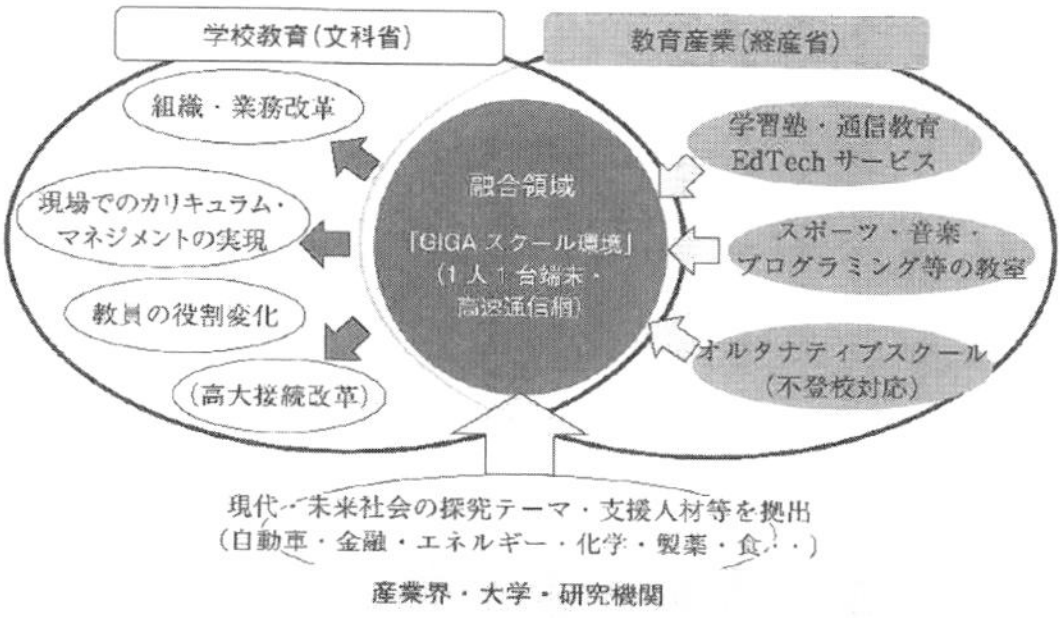

体化」というよりも、学校教育の中に教育産業が入り込んでいくと見た方が正確だと思います。

結局は、産業界等の要請に基づき、「Sociey5.0」時代の「人材」育成と教育の市場化のために、教育のあり方を根本から変えていこうということではないでしょうか。

3.「教育DX」にどう立ち向かうか

(1)デジタル社会の主権者に

教育の場におけるデジタル化は、授業や子どもたちの学習をゆたかにし、校務を効率的に行うことに寄与する部分もあるでしょう。

しかし、最も危惧されるのは、蓄積されたビッグデータが民間企業に活用され、また自治体や政府による「デジタル統治」の手段とされることです。新たに設置された「こども家庭庁」の任務の一つは子どもデータベースの構築です。「安保三文書」改定と軌を一にして、自治体から自衛隊への住民情報のデータ提供が急速に広がっていることからも、その危険性は明らかです。

教育の分野だけでなく、自治体や福祉・医療、労働、法曹などさまざまな分野が共同し、「デジタル社会の主権者」としてどのような取り組みが求められているのか、議論を広げていくことが重要だと思います。

(2)学校の役割を問い直す

同時に、コロナ禍を通して見えてきた学校の役割―「人」が「人」を育てる、集団での協同の学びを通して育てることの重要性を深め合い、それぞれのところで実現していくことです。この点では、多くの蓄積があります。

加えて、ツールとしてのデジタルの可能性と問題点を学ぶことも実践の重要な課題だと思います。小学校の新教科書には、「フィルターバブル」「エコチェンバー」なども登場しています。デジタル社会を生きる主権者としての力を育てる実践の創造と交流が急がれていると思います。

※1　児美川孝一郎『子どもと生きる』No.393 2023年6月号p4 東京民研
※2　佐藤隆「『個性的学び』の何が問題か」『世界』2021年4月号
※3　佐藤学『第四次産業革命と教育の未来』2021年 岩波ブックレット No.1045 p42

高校教育海外最新事情

連載

ハワイ州の公立高校における「哲学対話/P4C」の授業：「哲学する学校」へ

東京大学　特任研究員　堀越耀介

「友達とは何か」「なぜ勉強しなければいけないのか」――科学的には答えが一律的に導き出せない哲学的問いについて探究する、「哲学対話/P4C(Philosophy for / with Children)」というペダゴジーが、昨今世界的な規模で実践されるようになっている。

元々は、「批判的思考(critical thinking)」や言語表現の訓練としてM・リップマンというアメリカの哲学者が1960年代に開発した教育プログラムとして知られてきた。

当時、全米に広がったこのオリジナルのカリキュラムの実践は、米国内では下火になってしまったようである。しかし現在では、様々な教科教育やチーム・ビルディング/学級経営といった多様な目的で、国際的に応用・実践されるようになっている。

本邦でも、特に「特別の教科　道徳」の導入や、学習指導要領の改訂に伴う「主体的、対話的で、深い学び」への転回といった文脈において、急速に着目・実践されるようになっている。また、現在日本の学校教育において取り入れられている哲学対話は、80年代以降にハワイで発展したP4Cから、理念・方法の多くを受け継いでいる。

こうした背景を踏まえつつ、本稿では、ハワイ州のカイルア高校における哲学対話についてお伝えしたい。筆者は、2019年～20年にかけて、ハワイ大学マノア校を拠点とし、ハワイの幼稚園～高校におけるP4C実践への参与・観察のための研究滞在を行った。

なかでもカイルア高校は、オアフ島東部ウィンドワード地区に位置し、ハワイの公立高校としてP4Cが定着した初の学校だ。ハワイ大学のM・アンバー氏が、2005年に全学年混合の任意的な放課後活動として試験的に始めたのを皮切りに、翌年には早くも選択科目「エスニック・スタディーズ」として開講、翌々年には校長の判断で、一年生の必修科目として4人の教員によって担われるまでになった。

この実践の導入について知る上で、重要な背景がある。2000年前後、カイルア高校キャンパスの内外では、頻繁に暴力行為が生じていた。こうした背景もあって、ハワイ大学内に設置された「アジア・太平洋地域青年暴力防止センター」の協力で、このプログラムが始められたという経緯がある。

当時はもちろん現在でも、目を見張るような大自然や観光地としてのきらびやかなイメージとは裏腹に、人種、暴力、ドラッグ、貧困、ホームレスといったハワイの抱える深刻な社会問題は、枚挙にいとまがない。

カイルア高校でも、こうした問題を背景とした暴力が目の当たりにされていた。これに対して、他者に対する共感や尊敬、想像力、他文化に対する歴史や知識を身に着けることを通じた偏見の撲滅を目的とする授業が、「エスニック・スタディーズ」である。本邦では聞きなれない教科名かもしれないが、様々な人種・文化の多様性や歴史に対する理解を深めるとともに、社会正義を促進するための科目として設定され、とりわけ哲学対話の実践とセットで実施されているのが特徴だろう。

筆者の滞在中にも、授業では毎回のように哲学対話が行われ、「なぜ人は感情を伝え合うのが難しいのか」、「ドラッグを合法化すべきか」といったテーマが生徒自身から挙げられていた。

こうして相互理解を深めるだけでなく、「知的な安全性（intellectual safety）」が醸成される。すなわち、どんな問いや発言も馬鹿にされたりすることなく、対話の対象になるのである。

哲学対話のほか、環境・時代の変化や様々な取り組みも功を奏して、現在では比較的落ち着いた学校環境が形成されている。哲学対話によって学校の文化それ自体に変容が起きはじめ、生徒たち自身が教師に哲学対話の方法を教えるという現象すら起きたという。そして2010年代初頭には既に他教科にも広く浸透し、現在でも多くの教科でこの取り組みが続いている。

こうした流れを受けて、現在では〝PhiloSURFERS〟と題された活動も授業の一環として行われている。カイルア高校で哲学対話に親しむ生徒たちが、他の学校に「波に乗るように移り渡って」そのサポート（進行やその補助）をする。この活動に参加すると単位が付与されるなど、インセンティブにかんする工夫もあり、その文化が定着するための制度設計がされている。

また、哲学対話を専門とするハワイ大学の教員や大学院生が定期的に訪れて、授業のサポートを行っている。彼らは「校内哲学者(philosopher in residence)」と呼ばれており、こうした制度や協力体制も相まって、「哲学する学校」は形成されてきたのだといえるだろう。

（参考文献）
堀越耀介「ハワイ州における『子どもとする哲学（P4C）』実践動向にかんする研究報告『思考と対話』1(2) 82-87 2020年。

高生研第61回全国大会基調発題

対等な関係性を探る生活指導

―「ケアの倫理」を手がかりに―

静岡高生研　**塚本　徹**

1　はじめに

私の実践は時折、「フェミニズム的実践だ」といわれることがある。フェミニズムの何たるかもわかっていない私だが、多分「生徒と教師（私）の『対等』な関係性の中で紡ぎ出される実践という意味なのだろう」ととらえ、うれしく思う。ここで言う「対等」とは、教師が生徒に対して支配的・家父長的にふるまうことなく、生徒の人権を尊重し（生徒を個として尊重し）、生徒から学ぼうとする姿勢を持つことである。

「フェミニズム」や「対等」であることについて、「ケアの倫理」から考えてみたい。「ケアの倫理」とは、アメリカの発達心理学者のキャロル・ギリガンの著書『もうひとつの声』[(1)]に由来し、二十世紀後半にかけてフェミニストたちにより発展した。ギリガンは、人間一般に当てはまるとされた師コールバーグの道徳発達理論を男性中心主義と批判し、女性の道徳的葛藤の研究から導かれた「ケアの倫理」の重要性を唱えた。またギリガンは、非暴力（誰も傷つけないこと）を「ケアの倫理」の根本にすえることを主張した。

ケアとは、個々の状況を踏まえて他者のニーズに心を配り、応答する態度である。私は「ケアの倫理」では「相互依存」と「文脈依存」という2点が重要だと考える。相互依存とは、人は誰しも誰か他の人に対して依存しており、相互依存関係のうちに置かれているということ。ケアは、する側もされる側からエンパワーされるという双方向の性質も持つ。生徒同士でも教師と生徒間でも、さらに教師間でもしばしば見られることである。また、文脈依存とは、実際に関係する人たちの利害関心を無視せず考慮するために、細かな状況と各自がもつ文脈に注意を払う必要があるということ。どういう状況でどういうことが起きているのかを理解するために「なぜを問い合うこと」である。以下、これまでの私の実践を「相互依存」と「文脈依存」を軸とした「ケアの倫理」の視点で振り返ってみたい。

2 Aの退学と嘆願署名運動をめぐって

私は2011年から3年間学年主任をし、生徒に自分たちの手で、自分たちの生活をつくる自治の力を身に付けさせようと実践を重ねた。(2) 当時「問題行動」が多発していた本校では、「ゼロ・トレランス」にもとづくチケット制による頭髪服装指導を行っていた。一方で、中学時代に長期欠席をした生徒を特別選抜で入学させていた。私は生徒にとって本校が「楽しい」と思えるような「居場所」にしたいと考えた。1年次から各HRの代表2名を集めて学年委員会を組織し、7月に流しそうめん、11月にBBQ、1月に餅つきなど「食」の行事に取り組んだ。一緒に面倒くささを楽しむことで、まずは生徒に主体的に動く楽しさを体で感じさせたいと思っていた。こうした取り組みによって、生徒が自信を持ち、自分たちで諸問題を解決できるようになれば、チケット制への対抗手段になるのではないかと考えていた。

3年間に「問題行動」がたびたび繰り返され、そのつど生徒に向き合っていった。2年に上がる春休みには、大勢の生徒が喫煙で指導された。野球部のAを含む3名は謹慎があけた後も、監督の許しがもらえず半年もの間練習に出られなかった。ストレスをためていく彼らと6月の文化祭で学年有志企画としてジェットコースターに取り組んだ。放課後、多くの生徒が部活動に行く中で3名と私で作業する日が続くが、それが彼らの「居場所」となった。また他の生徒たちも、毎日3名が木材と「格闘」しながら作業をしているのを見て加わるようになった。出来上がるか危ぶまれたが何とか完成し、作り上げた喜びと当日大盛況にやれた達成感はお互いに大きかった。また、この取り組みは、学年の生徒たちにAを含む3名への信頼感を高める機会にもなった。

しかし3名は7月の大会でベンチ入りもさせてもらえずに外野席から応援した。終業式前日に、野球部長の教員が3名の授業等の様子を聞いてきた。副担任も含めた学年会議で彼らの話題になると、多くの教員が彼らに同情的だった(担任たちもつらい思いをしていた)ので、私は部長に何カ月も練習に出させない状態でいることを抗議したが聞き入れてはもらえなかった。翌日私は3名に「応援しているから、くさらないように」と激励し、彼らとのつながりをいっそう強くしていこうと思った。

そして3年次の6月、Aが3回目の懲戒指導で実質的な「退学処分」となった際に、嘆願署名運動が起きた。

Aはやんちゃだが、笑顔をよく見せる気のいい生徒だった。学年行事では率先して動き、ジェットコースター作りでも活躍した。学年のムードメーカーとしての貢献が抜群だった。Aはそれまでに2回(授業妨害と喫煙で)懲戒指導を受けたが、指導を通して私はAと多くのことを語り合い、信頼関係もできていた。

Aは3年次に新たに監督となった初任の輪島先生に対して暴言を吐き、物にあたった結果それらが監督にあたり、「対教師暴力」と認定された。日曜日、雨天の体育館での練習時に、ランニングで叱られたAが「いきなり来たアンタになぜ学校生活とかいろいろ言われなきゃいけない。俺はアンタを監督として認めない」と主張した。その後、練習メニューのバスケットのゲームから外されると、Aは監督が抱えていたバスケットボールとホワイトボードを蹴り(胸に当たる)、帰るよう言われて、野球ボールを投げつけた(ふくらはぎに当たる)。

月曜朝、私は担任の堀先生からこの件について聞いた。Aに聞き取りをしたのも生徒課の堀先生だった。帰り際、堀先生が「Aを(学校に)残したい」と言うので「私も同じ考えです。たたかいましょう」と話した。しかし、火曜の生徒課原案は「自主退学を迫る」というものだった。3回目の生徒指導で退学というのもゼロ・トレ的な考え方によるものだった。私は水曜の職員会議の前に校長と話をし、Aのこれまでの様子や自分はAを残したいと思っていることを伝えた。しかし校長は原案支持で「教員や他の生徒の安全を守りたい。今回の件でAにも学んでほしい」と言った。

この時点で私はAと話をしていなかったことが悔やまれる。Aの思いや本音を聴き取ることができなかった。「生徒課ではないので…」という理由で動けずにいた自分がいた。「暴言には理由がある」という視点が弱く、なぜそんな暴言を吐いたのかをAの立場に立って丁寧に聴き取ることをしなかった。一人一人の言い分を聴き、目の前の傷つきやすい他者を気遣い応答しようとする「ケアの倫理」を働かせないゼロ・トレの学校体制に自分の思考もからめとられていたのだろう。

職員会議では、私は「Aは問題もあるが、見どころのある人物です。これまでの謹慎指導でもそのつどちゃんと反省をしてきました。チャンスをください。高校生はミスを繰り返すものです」と発言した。それ以上の発言ができなかったのはAからの聴き取りもしていないし、Aを残すためにどうしたらいいか思いつかなかったからだ。Aの思いや日頃の姿を伝えることは、管理的指導をする学校体制をずらすことでもある。「ケアの倫理」を貫き、Aを残すためにすべき行為とことばがこの時の自分には足りていなかった。

この会議では、当事者の輪島先生は初任研で出張して不在だった。堀先生は質問に対して答えるのみで、原案に対して発言はしなかった。多くの教員が発言し時間をかけたが、結局「残したい」旨の発言をしたのは私だけで、原案通りの決着となった。Aの担任である堀先生にはあの時のように「残したい」と言ってほしかった。職員会議ではめったに発言しない堀先生だが、本校での勤務が長く、毎朝校門に立ち挨拶と服装指導を続ける年輩の彼には私も含め多くの同僚が一目置いていた。生徒課でAの処分にかかわる原案作りに参加した堀先生は、Aの人間性を最もよく知る担任として学校に残したいという思いを抱えながらも、学校の「管理体制」を自ら崩せないという思いからAを弁護できなかったのだろう。

夕方に母親とAが来校し、生徒課長と堀先生と私で対応したが、決定を聞いたAはショックを受けていた。私も話す時は泣けてきた。Aは荷物を教室に取りに行き、そこで堀先生と泣いた（と聞いた）。その間に私は母親の話を聞いたが、言い分は母親にもあり、輪島先生への不満がたまっていた様子だった。おそらく前監督への不満も相当あったのだろうと推測された。

翌日、3年生がAの「退学処分」撤回を求める嘆願署名活動に動き出した。HRの生徒には朝、担任の堀先生がAの処分を伝えていた（もちろんAと仲の良い生徒たちはすでに知っていた）が、数名の生徒が趣意書を書くなど署名の準備をしていたそうだ。1時間目は私の授業だったが、何となく落ち着かない様子。何やら回している様子だったが、放っておいた。休み時間になると、数名の生徒が下級生の教室に行くのが見えた。

職員室で情報を集めると「Aを学校に残してほしいと訴える署名」を全校規模で集めていることがわかった。管理職に報告すると、副校長が「これは問題のあるやり方だ」というので私は、「そうは思いません。生徒が何とかしたいと思って動いているのですから」と反発した。私は内心「よくやった」と思ったし、昼休みにほぼ全校分の署名をもって代表者数名が校長室に嘆願に来たと聞いた時も「やるなあ」と感心した。そして、午前中に学年部の先生と話し合い、昼休みに野球部の3年生から話を聞いたうえで放課後に学年集会を開こうと決めた。生徒たちから学校批判や突き上げが出ることも予想されたが、何よりも生徒たちの声や思いを聴き、彼らの思いを共有したかった。

学年集会ではまず私が、事件の経過と決定事項を生徒課にもらった書類を読み上げる形で伝えた。その後いったん解散とし、話をしたい者は残るように伝えると、27名が残ってそれぞれの思いを語った。「監督を連れてこいや」「進路変更って何？·退学ってはっきり言ってよ」「Aがそこまでキレたのにはよほどの理由があるはずだ」等々。私はひたすら聞くことに終始した。堀先生は「申しわけない」と謝り、HRの女子が「Aがいないのにクラスはどうしたらいいの」と泣きながら訴えると「みんなでやるしかないよ」と答えた。集会は30分ほどで終了したが、Aとよく一緒にいた（署名運動の中心となった）3名が最後まで残った。泣いていた生徒に別の生徒が「おまえはクラスを盛り上げろ。俺は野球部を応援する」と言って出ていった。野球部の生徒は泣きながら「なぜAを止められなかったんだ。一番近くにいたのに」と悔やんでいた。

残念ながら、この嘆願署名が職員会議等の公の場で議論されることはなかったので、Aの処遇が変わることはなかった。私自身も決定を変えることはもはやできないと思っていた。それでも、この嘆願署名は生徒たちが学校の決定に対して「異議申し立て」をしたものである。Aの思いを聴き取らず、3回目の指導で自動的に退学させるという学校の支配的な文脈に抗して、指導の正当性を問い直すという側面があったと思う。

なぜ、生徒たちはAのために立ち上がったのだろう。後日、生徒が署名とともに提出した「嘆願書」と校長への手紙を読む機会があった。そこには彼らがAから助けられたこと、Aから学んだことなどがつづられ、Aが友達思いであることや、「人を軽い気持ちで傷つける人間ではない」と書かれていた。「私たちの未熟なところも今回の問題につながった」と反省さえしている。それは彼に何かしらの面で助けられて、彼から良いことを学んだからだという。手紙を書いた生徒は、自身のことにも触れ2年次に学校を辞めようかと悩んでいた際に、彼に「卒業まで頑張れ」と言われたことを感謝していた。Aと周りの生徒たちには、ケアしケアされる「相互依存」の関係性があったのだ。

今ならAの思いを聴き取り、嘆願署名をした生徒たちの思いに応答することができるのかもしれない。しかし、当時はAの言い分に耳を傾けつつ、Aの行為の裏にある「文脈」を読み取ろうとしなかった。また、私は学年集会で生徒たちの発言や思いに対し応答ができなかった。生徒たちの思いを受け止めるのに精一杯で、もしかしたらそれで満足していたのかもしれない。

これは「ケアの論理」を働かせずに生徒の「文脈」が無視されたまま、学校秩序を優先するゼロ・トレ体制をずらすことができなかったケースだった。それでも、生徒たちは異議申し立てに動いた。3年間で多くの行事を通してお互いを知り合う経験を重ねエンパワーし合った生徒たちがAを助けるために立ち上がったことを評価したい。ここでの生徒たちの主体的な行動は「ケアの論理」にもとづいたものだといえるのではないか。

3 B太から学んだこと

B太は中学3年次に特別支援学級にいて、本校の「長期欠席生徒選抜」という入試を受けて入学した。そんなB太を私は2016年から3年間担任した。(3)

1年次、B太は筆談で私に訴えることがあった。聴覚過敏のB太は、調子が悪いと周囲の音が全てノイズとして入ってくるという。そんな時は授業を抜けて保健室に避難した。私は筆談で分かり合えたことに喜びを感じつつも、彼の「生きづらさ」を垣間見て、彼と関わることへの覚悟を迫られた気がした。

欠席や遅刻をすることなく、学習や陸上部での長距離走に意欲的に取り組んだB太だが、9月にHRで授業中の私語が多くなると気持ちが不安定になっていった。落ち込みが激しくなり「学校をやめたい。生きていても仕方ない。死にたい」と保健室で筆談をしたこともあった。ストレスがたまり、体が思うように動かなくなることもあった。しかしありがたいのはB太を支える生徒がHRにいたことだった。同じ中学出身のD平は部活や委員会で一緒に活動した。彼は苦手な数学をよくB太に教わっていた。HR委員のC子は9月から登下校も含めていつも一緒にいるようになった。ややきつい面も見られたC子だがB太といる時は表情も声も優しかった。

控えめなB太は普段目立たぬように過ごしているが、HR内の様子をよく観察し、不登校の生徒を気にして私に話をしてきたこともあった。B太は自分の特性ゆえ周囲にうまくなじめないことを自覚していたからこそ、周囲への配慮もより一層細やかにしていたのだと思う。そのようなB太の周りには女子数名が集まるようになっていた。相手を観察し配慮するB太の優しさが周囲の生徒の優しさを引き出して、「相互に依存し合う関係性」ができていったように私には思えた。

2年生になってB太が不安定になることがあった。6月にB太とC子がいつも一緒にいて、身体接触も見られると教員から苦情があった。B太へは私、C子へは養護教諭からと別々に話をしたが、その後二人は言い争いをし、翌日B太は朝のうちに早退した。そして次の日の文化祭準備の際に、私とB太は2回衝突した。

HR展でアトラクションに取り組み巨大ルーレットを製作していた時のこと。1回目はすれ違いから言い争いになった。ルーレットづくりでB太は活躍していたが、その日は前日に早退をしたので、彼の予想と違う形で完成しつつあった。朝、B太は文化委員のE美に「ルーレットを頼むね」と言われ、戸惑ったらしい。彼は言葉を文字通りに受け取るので、「頼むね」と言われ「全部自分で仕上げなければならない」と厳密に受け取ったのかもしれない。さらに「ルーレットの補強をみんなと一緒にやろうと思ったけど、動いてくれなかった」とも言っていた。

そこへ私が登場。ボールを蹴って遊んでいた生徒を叱ってイライラしていた私は、ルーレットの補強を自分が考えた方法でやろうとした。そしてB太がルーレットについて自分はこうやりたいと私に話しかけてきた時、ついつい言い返してしまった。B太に指摘されたが、私の八つ当たりであり、言葉ではB太に謝っているものの「みんながやってくれないと言うけどあなたはみんなを見下している」とB太に言い放ってしまった。

困って、イライラした私が座って「あなたも座ったら」と声をかけると、B太は床を蹴って教室を飛び出してしまった。私は近くにいたD平たちに頼んでB太を追いかけてもらった。その後、B太は陸上部で準備を他の部員とやって少し落ち着いたようだった。後で教室に戻るとB太が廊下にいた。私は「先ほどはゴメンなさいね」と謝った。彼もうなずいた。まだ興奮も収まっていないから、今はこれでいいかと思った。

その日2回目の衝突は、完成したルーレットを私が他の生徒と楽しんでいた時だった。後方にいたB太がキレて、大きな声を出して廊下に飛び出した。B太の目は吊り上がっていて、「まずい」と思った私は廊下に出た。彼は面と向かって「帰ります。完成してよかったですね、楽しんでください！D平から聞きましたよ、僕とC子さんのことを『引くよな』と言ったんですよね」と話した。当惑したが、これは事実だった。D平との個人面談でB太とC子がいつも二人でいることを周りの生徒がどう思っているかを聞きたくて、何気なく「引くよな」と私は話した。それを面談後B太に聞かれてD平は私が言った言葉をそのまま伝えていたのだ（さらにB太が1年の時に、すでに私は保健室で養護教諭に「他の生徒は二人を見て引くのではないでしょうか」と口にしたことがあった）。決して口にしてはいけない言葉だった。

B太は「裏で言って楽しんでいればいい！僕なんかいない方がいいんです。もうこの世から消えます。ADHDで悪かったですね！発達障害で悪かったですね！」と叫んだ。教室後方を見るとC子が泣いていたので、私は「一つ言わせてもらうが、あなたがキレると周りも傷つく。C子さんは泣いているよ」と話した。

その後B太は清掃用具ロッカーに頭をぶつけて倒れた。担架に乗せようとしたが抵抗し、再度頭をぶつけようとして、泣き出した。保健室へ行く前に「謝りたい」とC子の元へ行き、話しながら泣きじゃくった。

迎えに来た母親には別室で経緯を話したが、翌日の文化祭をB太は欠席した。朝、電車の中でC子と会い「2人のことをD平に話してごめん」と伝えた。C子は「なぜ言い争いが始まったのですか」と聞き、また「私が泣いたのは、急に彼がキレてびっくりしたから」と言った。前日の私の「C子さんは泣いているよ」という発言を受けての主張（傷ついて泣いたのではない）だったのだと今ならわかる。

放課後にB太の両親が来校し、父親が昨日の事情を聞きたいというので面談をした。B太とC子は昨日の経緯を書面にしていた。やり取りしながら、C子がスマホで打った「記録」を父親に見せてもらった。それを読むと、双方の食い違いやB太の見方がありびっくりした。

その記録には例えば、私が「あなたも座ったら」と声をかけた場面は「先生が被害者面でため息をつきながらその場に座る」とある。私が「先ほどはゴメンなさいね」と謝った場面は「集合前に、先生に軽く「さっきは悪かったな」と言われる」。最後に「最終的に謝ることは無く、親にも全く違う（先生に都合がいいように）話をした」とまで書いてあった。

父親は昨夜、B太から話を聞き「先生にも言いたいことを言って偉かったな」と伝えたそうだ。怒りから欠席し、人間不信に陥っているという。「負けたくないから、来週は学校へ行く」と言うが、戻りにくいと悩んでいるのでフォローをしてほしいと言われた。

私はこの日、どっと疲れ、また彼らの記録を読んで数日は気分が悪かった。しかし後日、サークル例会(4)で報告した際、「生徒の言っていることには真実がある」と仲間から指摘された。確かに「私がB太を追い詰めた」という真実があったと納得できた。

彼らの記録にはどんな意味があったのだろう。B太はC子に聴き取られて語るという共同作業によって気持ちを整理し、癒されている。そして、私は彼らの記録を読み直すことで初めてB太の気持ちにエンパシー（B太の文脈にそった理解をすすめること）を抱くことができた。B太に私の言動がどのように見えていたのかが初めてわかった。D平に私が二人のことを「引くよな」と同意を求めるような軽口をたたいたことを聞き、B太は絶望した。それに対し、私の態度や言葉がいかにB太に届かないものであったかに気づくことができた。

そして、週明けの朝。私は教室で生徒に「B太とのトラブルは私の短気が原因。きっとこれまでも多くの人を傷つけたと思う、ごめんなさい。B太さんがHRに戻りにくいと言っているので、よろしく頼みます」と伝えた。その後、相談室に行ってB太に謝ると、表情は硬かったが「僕の方こそごめんなさい」と言ってくれた。

以後、HRの自治も磨かれていったように感じる。例えば12月の修学旅行。B太の中でHRへのマイナス感情があって、修学旅行も不安になっていた。班別研修の班決めの際、事前にB太やC子に要望を聞いた。民泊班やホテルの部屋割りは男女別になるので、男子の分け方について班長会で相談した。E美が「B太くんはD平と一緒がいいよ」とB太のことを気にかけた発言をしてくれた。修学旅行当日。新幹線内でHRの男子に囲まれ、カードゲームに興じたりいろいろな話題で盛り上がったりして、B太も笑顔を見せていた。心配した民泊でも、体調不良を起こす等の問題はなかった。駅で出迎えに来た教員を目にして、私とB太は肩を組んで「ただいま！」と応えていた。

3年になったB太はHR委員に立候補し、C子と一緒にその仕事をした。毎日、B太は大きな声で号令をかけた。受験では、志望大学の推薦入試やセンター試験に臨んだが、浪人してもう1年志望大学を目指すことになった。それでも「今は勉強するのが楽しい」と語る姿からは、高校3年間の自分の成長に手応えを感じているように見えた。C子は卒業前に書いた「自分史」の中で、B太のことを「人よりもはるかに努力を惜しまず、自分の目標に向かって頑張ることができる彼」と触れていた。

B太とのかかわりの中で私は多くのことを学んだが、大きかったのは、相手がどうしてそのような感情を抱いたのか、相手の立場に立ち「文脈」にそった理解をすめるか、いわゆる「他者の靴を履いてみること（コグニティブ・エンパシー）」の重要さである。これまでの自分自身の経験や思い込みからいったん離れて、「文脈依存」の思考をすることがカギとなる。それは生徒と「相互依存」の関係性をもつ教師自身を大きく成長させることにつながる。生活指導で「ケアの倫理」を働かせる意味もそこにあるのではないか。

4 「ゼロ・トレランス」との出会いと克服への道

本校は、頭髪服装指導に関して「ゼロ・トレランス」にもとづくチケット制を取り入れていた。私が赴任する数年前、おそらく2007年ごろに始めたと思われる。教員は生徒に違反の事実をつきつけチケットを手渡すのみで、生徒の言い分を聞いたり、事の善悪を諭したり、改善の口約束を取ったりする必要はない。生徒の個別事情を考慮せず機械的に処置し、累積のチケット枚数によって自動的に指導措置が決まっているので基本的に生徒ともめることはない。だから「どの先生でも同じ基準で、足並みを揃えて指導ができる」と意味づけられ実施されていた。

私は赴任した当初から、生徒が違反について理由を述べ、聞きとられる機会を奪っているチケット制に違和感をもっていたが、担任や学年主任として「最前線」に立ってこれに関わらざるを得なかった。しかし私の勤務9年目、2017年に職員会議で数度にわたって議論し、廃止した。[5]

学年主任はチケット5枚の生徒に奉仕作業という「指導」をするが、当初は一緒に掃除を黙々とやった。建前で説教することに意味がないと考え、生徒たちが「かわいい」「オシャレをしたい」からスカートを短くはいたり髪を染めたりすることに、聞き取るべき理由があるのだろうかと疑問に感じていた。違反をする生徒の内面まで思いが及ばず、とりあえず直せばよいとすでにチケット制に取り込まれた自分がいた。

ある男子生徒は普段無気力で、授業中の居眠りも多く、髪の毛は染めて茶色がかっていた。一方、行事等で体を動かす場面では生き生きとした姿を見せた。彼が頭髪検査で生徒課指導の段階で直して来なかったために、帰宅させられたことがあった。理由を聞くと「面倒くさかったから」と言うので、私は「その発言にはがっかりだ」と伝えた。彼は言い返さなかったが、家で「なぜ俺だけが。先輩で茶髪の人がいるのに」と親に愚痴をこぼしたと担任から聞いた。違反を直さない、教師の期待に応えない「がっかりな生徒」と決めつけ、彼との応答を私の方で遮断したことに後に気づかされた。[6] それ以降は一緒に掃除する時間を、生徒たちの言葉を聴き取るチャンスだととらえ直すようにした。すると、話をしながら一緒に掃除をしたある女子生徒が、身の回りの人間関係と生きづらさについて詳しく語ってくれたことがあった。

「チケット制を廃止したら、本校はまた乱れる」という声は教員間に根強く、なくすのは簡単ではなかった。私は全体で行う朝の立ち番や学年部で行う頭髪服装指導などには形だけでもきちんと参加することを自らに課してきた。一方で、本校職員の義務となっているチケットの持ち歩きを止めて「良心的拒否」を貫いた。また生徒を男女問わず「さん」付けするようにした。呼び捨てをやめると生徒に対して「上から目線」という感覚が無くなった分気が楽になり、生徒からも好評だった。

本校が県の指定を受け「人権教育推進校」となった2015年、私は保健相談課長という立場にいた。養護教諭と協力して人権教育を牽引しようと、全校一斉に「人権を学ぶＬＨＲ」を行った。これは生徒が主体的に学べるよう、グループワークを取り入れた体験的な学習をやろうと、内容を保健相談課で考えたもの。「幸せな社会に必要なものは？」というテーマで、９つの基本的人権についてダイヤモンドランキングをつくるという内容だった。当日は生徒の反応がよく話し合いが盛り上がり、授業をした教員からも「生徒に対して新しい発見があった」などと肯定的な感想が寄せられた。何より、全てのＨＲで同じテーマのもと取り組めたということが意義深かったと感じている。

また相談室に課員が交代で入り、生徒の相談に耳を傾けた。不登校や教室に入れない生徒、生徒指導中に教員との関係がこじれてしまった生徒などに対して「サポート委員会」を数度開いて、情報の共有や問題点の整理を試みた。保健相談課長と兼任で再び担任をした際には、B太のような生きづらさを抱える生徒に関わりながら、同僚と情報共有をしたり、時には自分自身の指導上の悩みを訴えたりした。今思うと、こうした様々なポジションから教員集団に向けてケアの視点を発信できていたのではないかと思う。少しずつ時間をかけて教師同士の関係性が変わっていったように思う。

5 「チケット制」が廃止された日

そして、ついに職員会議でチケット制存続の是非について議論する機会が訪れた。２０１７年の管理職による「業務スリム化」のためのアンケートがきっかけとなった。その結果に基づき各分掌や管理職で検討がなされ、「朝の登校指導とチケット制の廃止」が他の事項と一緒に職員会議の議題となった。生徒課の検討結果は「頭髪服装指導は各クラスや学年でも継続的に行われていて、生徒が自己管理できるようになってきた。チケットを切られて学年指導や謹慎指導になった生徒は近年いない」という理由から「登校指導は継続するが、チケット制は廃止する」というものだった。12月の職員会議では、時間がなくて検討結果の報告のみとなり議論になるような気配はなかった。私は当時「こんなにあっさりと、チケット制がなくなってしまうのか！」とうれしい半面拍子抜けしたことを覚えている。

ところが、1月の職員会議では紛糾した。再度チケット制廃止について提案された際に、内藤先生が「これまであまり議論されませんでしたが、私は生徒課原案に反対です。生徒はチケットを切られたくなくて服装に気をつけているので抑止力になっています。チケットがなくなったら心配です」と反対意見を述べた。内藤先生とは時々、私の教科準備室で昼食を取りながら本音を交わす仲で、彼の意見は既知のものだった。すると、本校での勤務年数が一番長い小林先生が、チケット制導入の経緯を話し出した。長々と話して「だからチケット制は維持すべきです」と言うので、私は「(廃止の) 原案に賛成です。そもそも頭髪服装指導は生徒の人権を侵害する恐れがあり、チケット制は生徒から異議申し立ての権利を奪うものです。私は以前から問題を感じ、近年は良心的拒否もしていました」と反論した。

時間がない中、副校長がチケット制継続でまとめようとしたので、私が「ちょっと待ってください。これだけで原案が覆るのですか」とキレ気味に反論すると、内藤先生が助け舟を出してくれた。「もっと議論しましょう。今日は三人しか発言していません。本校にとって大事な問題ですよ」という発言で議論は継続となった。内藤先生はこの年から私と同じ保健相談課に入っていた。共に分掌の仕事に取り組むなかで内藤先生も生徒や教員との対話の大切さを感じ、チケット制についても揺れていたからこのように発言したのだと思われる。

2月の職員会議では、生徒課長が不在で代わりに輪島先生が「私自身はチケット制をやめていいと考えます。生徒も先生も変わるチャンスだと思います」と言った。輪島先生は4年前にAとトラブルがあったが、数年前の学年集会で生徒たちに「俺はもうチケットを持たない。お前たちも切られるようではだめだ」と話したのを私は覚えている。輪島先生の意見は、教師はチケットに頼らず指導すべきで、生徒は自分たちで服装に気を付けるべきだという意味であろうが、彼の「変わるチャンス」という言葉は、私には前向きな表現だと感じられた。私は「輪島先生に同感です。もうチケットはその役割を果たしたと言えるのではないでしょうか。今は各先生がチケットに頼らずとも、生徒と話をしながら指導をしています。それぞれの持ち味を発揮しながら指導していけばいいし、頭髪服装指導それ自体をやめようと言っているのでもありません」とやや政治的にふるまう発言をした。すると進路課長の青木先生が「本校は中学時代に長期欠席した生徒を受け入れているのに、チケット制をやっていて当初から戸惑いました。私たち教員にとって恥だと思います」と続いた。

ここでしばらく沈黙となった。副校長が「廃止の意見が続きましたが、別の意見はありませんか」と促すと、反応があった。まずは、若手の舟木先生が「チケットがなくなると、自分はどう指導するか迷いますが…。そうか、輪島先生のいうように変わるチャンスなんですね」と応えた。次に教務課長の木村先生が「教員がチケットを持ちながらも切らないという指導が一番良いのではないかと思います」と言う。チケットという「鎧」にしばられているのではないか、その「鎧」を捨て去ればいっそのこと楽になれるのにと考えさせられた。

そして最古参の小林先生が再び発言した。つぶやくように「みなさんは、生徒に凄まれたことがありますか？私は以前、服装指導をした生徒に凄まれました。私は弱い教員ですから、その時はとても困りました。やはりチケットは必要だと思います」と話した。再び沈黙となったが、青木先生が「小林先生の気持ちはわかるつもりです。私も以前『困難校』に勤めていました。その時心掛けたのは一人で対応しないということで、複数の教員で対処をしました」と小林先生を見ながら話した。

実は小林先生は当時、メンタル面の不安や不調を抱え、養護教諭やスクールカウンセラーに定期的に面談を受けていた。強面をつくることができない生真面目なやさしい小林先生だから、チケットという「鎧」を身にまとうことでようやく服装指導ができていたのだろう。ただし、チケットにすがり生徒に凄ませるほど追い込みながら、その生徒がなぜ違反をするのかという背景に思いを馳せることはしていない。そうしたずるさを持っていることは否めない。今になって、私は小林先生の発言の文脈をそのように捉えている。

それでも、私は小林先生が「自分の弱さ」という本音をここで出してくれて良かったと思っていた。誰も好き好んで生徒との関係性を壊したいとは思わない。もしも生徒に凄まれたら逃げたいし、助けを呼びに行くことだろう。

最後に校長が「この議論では業務スリム化の点だけでなく、チケット制が教育的に是か非かを論じてもらったように思います。また、生徒会から『チケット制をやめて』という声が挙がったらなお良かったのですが」と話し、決着がついた。ここまで多くの教員が意見を述べた職員会議はそうそうなかったし、経験年数や立場に関わらず本音を出し合って議論ができたと感じた。

この職員会議で何が話し合われて、なぜチケット制がなくなったのか。校長は「教育的に是か非かを論じた」と言った。教員の意識が変わった要因に、保健相談課長やB太の担任としての私の実践を通して、生徒の思いを汲み対話することや人権を尊重することの意味を教員が感じ始めたことも挙げたい。しかし、不登校生徒を受け入れながら、ゼロ・トレのチケット制をしている学校の矛盾がある。だから青木先生は生徒の思いを汲もうとしない「チケット制は恥だ」と言った。校長が触れた、生徒の声から（声を聴いて）チケット廃止になれば最高だったと思うが、そのような発言が出るくらいに教師集団が変化したといえると思う。

赴任当初、生徒課からチケットを切る際は「明るく笑顔で、生徒と会話をしながら切ってくれ」と言われたのを思い出す。始めは憤慨して聞いたものだが、改めて考えると当時でも笑顔で会話という人間味のある方法をとることで、生徒の話を聞こうとしたのかもしれない。しかし実際にはチケット制を機械的に運用して（自ら考えることを放棄して）、生徒から聴き取るチャンスを失っていた。そんな私たちが二度の職員会議を経て、生徒を一人の人間として見て声に耳を傾けることの重要性にようやく気づき始めた。チケット制廃止の議論を通して、権威として身につけ、生徒の声を聴いて揺れないための「鎧」が見え、それを脱ぎ捨てることの意味を理解できたのではないか。

6 おわりに

教師と生徒は「対等」な関係性にあるとの考えに立って、生徒から学ぼうとしてきた。しかし、いくらそのように思っても常に学校の体制に順応させようとする力が働く現場では、徹底的に生徒の側に立って、その声を聴き応答するケアの実践をすることの困難さがある。

Aの声を聴き取ることや学年集会で嘆願署名をした生徒たちに応答することができなかったのは、学校の体制の中で同僚の視線を気にしながら縮こまっている自分がいたからだ。Aの思いを聴けないまま退学させてしまったことは無念でならない。

B太のことでは「引くよな」という排除するような「軽口」をたたいたことからB太を切れさせるという失敗をした。これは二人の身体接触をきちんと指導しやめさせるべきだという周囲の圧力もあろうが、私自身が眉をひそめるように二人のことを見ていて、その文脈を聞き取ることなしにこちらの価値観に二人を合わせようとして出てきた言葉だと思う。

管理とのはざまでいつも揺れ動く自分がいた。しかし一方で、自分だけが揺れていたのではないことがチケット制廃止の職員会議では明らかになった。

改めて、生徒の声を聴いて応答することが「対等」であるととらえよう。したくても応答できない苦しさや難しさがあるがゆえに、それができた時の喜びは大きい。学校的価値を絶対視しないと自分では思っていても、知らぬ間に内面化されていることがたくさんある。他者の声に耳を傾け、聴き取った文脈に依存しながら、相互にケアしケアされる関係を紡いでいく、そうした「ケアの倫理」に基づく実践を生徒や同僚とつくっていきたい。

（つかもと　とおる）

〈注〉

(1)キャロル・ギリガン『もうひとつの声で』風行社、2022年（1982年発刊の増補版）

(2)坂杉隆通「学年づくりと『嘆願署名運動』」（『高校生活指導』199号・2015年）

(3)坂杉隆通「B太と歩んだ3年間」（『高校生活指導』208号・2019年）

(4)静岡高生研では、以前よりサークル例会を中心とした活動を続けている。2017年当時は県内4地域で、毎月例会を開いていた。この時の例会も、自分にとってケアや学びの場となった。現在もオンラインによる全県例会でお互いに学び合っている。

(5)坂杉隆通「チケット制がなくなった日」（『高校生活指導』206号・2018年）

(6)井沼純一郎「実践！　ゼロ・トレランスとの闘いかた」（『高校生活指導』192号・2012年）

連載

実践記録から「生活指導」を読み解く　相良武紀×有田みどり

216号特集1　本多実践

行為に含まれる意味を信じる

相良：なぜ三役たちはここまで本気になれたのだと思う？

有田：後藤さんが自分の〝思い〟を言えたことじゃないかと思います。近い存在である後藤さんが苦しんでいる姿を目の当たりにしたことが、かれらを動かしたんじゃないかと。〝意見〟というより〝思い〟を後藤さんが言えたことが大きいのではないかと思います。

相良：なるほど。その意見と思いの違いは何だという理解？後藤さんは「勉強したいは表向きの理由で本当は後ろにいると女とくくられていると思ってしまう」と言っている。これを思いではなく市松模様を変えたい意見と捉える人もいると思う。

有田：「勉強できるようになる」という武装を降ろして、「自分が女とくくられるようで辛い」と伝えられた。みんなに理解されるかわからなくても、気持ちを言えたことが大きいと思います。

相良：そのあと後藤さんも参加した三役会では「もう少し聞いてもいい？」と前向きな反応を三役がしている。思いが伝わるだけでこうなるかなあ？

有田：後藤さんと三役メンバーが対話できるような関係を作るための種植えや水やりを本多さんはやっていたんでしょうね。そこがあまり描かれていないですけど（笑）。一方で、本多さんの種植え・水やりだけでもこの会は成り立たなくて、後藤さん自身が自分の思いを伝えようと思えたことが、思いを伝え合う三役会を実現するトリガーになったのではないかと思いますね。

その人の思いを受けとめるということ

相良：市松模様の廃止を原案にした最初のＨＲでは、もっとうるさくなるんじゃないかと心配する声も含めて、全員の意見が語られていくよね。三役はこのＨＲで後藤さんの悩みがＬＧＢＴＱにフォーカスされたことを悔しがっている。

有田：ここはすごく興味深いですよね。三役たち自身が「失敗した」と振り返っている。

相良：こういう話になると、まずはＬＧＢＴＱについて学習するところから対応しようとする発想は多いと思う。でも、そうした発想に自分たちは立っていなかったことに、このＨＲの経験で気づけているよね。後藤さんの思いがどこか後藤さんというよりも、ＬＧＢＴＱの一般問題として語られてしまう違和感に気づけたというか。

有田：後藤さんの問題はＬＧＢＴＱの問題では議論しきれないことを実感していて、後藤さんが、同じ一人の人間として苦しさを感じているんだ、ということが大事であることに気づいたんじゃないですかね。

相良：一般的な知識に引っ張られて、後藤さん固有の思いや苦しさについて理解しようと努めていく場にはならなかったというような感覚かなあ。そうすることが大事だという学びはどこからきたのだろう。だれでも三役のようには悔しがるわけではないからね。

有田：「このまま市松廃止案を決議しても、後藤さんの思いに寄り添えるクラスにはなれない」と三役の思いが記されている部分が印象的ですね。廃止案を決議はできても、その前段での話し合いが集団にとって意味のあるものになっていなければ、形式にしかならないという三役の思いが現れていると。

相良：そうだね。どれだけ三役がキレイにまとめて決議したところでそれは、一つの型でしかないことをどこかで学んできている。実際、このクラスはすでに「困っている人に寄り添えるクラスを目指す」ことはその前のＨＲで決議している。でも、それでは後藤さんに寄り添うどころか、むしろ傷つけてしまうことにもなりかねないという実質的なリスクを三役が実感できているよね。

有田：後藤さんの思いや苦しさを集団が充分に受けとめた上で決議される座席にしたいと気づいたということ。

相良：でも、クラスがうるさくなってしまうという問題（以下、「うるさい問題」）とＬＧＢＴＱの悩みをどう解決していくかという構図になってしまった。後藤さんの悩みは、うるさい問題と並列で議論できる話ではないという気づきにもなっていくよね。

有田：ただこの「うるさい問題」もまた、高校生の生活実態に即した素直な意見ですよね。

相良：市松ＨＲの前に「うるさい問題」を議題にしているからね。だから日常の問題と、後藤さんの悩みがつながってしまうのもわかるよね…。そこを整理するにはどうすればよかったのだろう。有田さんならこの違いをどう表現する？

有田：そうですね…変えたくても変えられないのが後藤さんの悩みですよね。だから「うるさい問題」とはそもそもの性質が違うと思います。Ｃさんの「（後藤さんに）我慢してもらってがわからない。我慢させるのはおかしい。みんなきっと異性愛者を基準に見るからおかしなことになるのだと思う。後藤さんが特別なわけではない」という意見が興味深くて。後藤さんを一般的な基準から配慮しようということではなくて、その人の基準を探りながら後藤さんの悩みについて考えていくことが、三役がやりたかったことではないですかね。

「当たり前」が更新する瞬間

相良：その後、期末テストを挟んで、「再び輪になって（HRを）やりたい」と三役が言い出すわけですけど、本多さんは「この決定にとても悩んでいた。みんなの意見を紙にまとめて三役原案を出す流れだと想定していた」と書いてる。この時点で、本多さんは三役を止めるべきか否かでかなり悩んでいる。最終的には三役が本多さんや後藤さんの不安を説得するかたちで開催にいたるわけだけど、もし、本多さんの（生活指導の）ねらいが三役を本気にさせるところにあったのなら、あれほど悩むことはなかったと思うよね（悔しがり本気になっているから）。本多さんはそれよりも席替えを延期され続け、業を煮やしている集団に関心を向けている。そういう中では三役の意図が受け入れられず、後藤さんや三役が傷つく過程にならないかと心配している。この場面、三役側からすると、この状況にどう関わるかという問いに対する担任からのメッセージは具体的にはなにもない状態だと思うんだよね。本多さんは三役が感じている悔しさと、クラス集団から感じるイライラの両方に挟まれてとても悩んでいるからね。でも、まさにそんな本多さんの在りようが三役生徒たちをさらに本気にさせていった気がするんだよね。

有田：だから三役は、本多さんに「どうしたらいい？」と聞かずに、「自分たちで（HRを）やります」と言った。

相良：むしろ「まみちゃん大丈夫。自分たちでやるから心配しないで」という、担任の悩みまでをも引き受ける覚悟のようなメッセージだよね。

有田：それは好きに振る舞っていいという担任によるメッセージというより、生徒たち自身に、自分たちが居心地よく生活できる空間づくりを委ねるというような認識ですかね。

相良：結果的にこうして三役に委ねることになった意味は、「自分たちが大事に思うことは、間違えても（ある意味傷ついてでも）いいから信じて突き進んでいい」というようなメッセージになったのかもしれない。でもそれは、あくまでも結果的なメッセージであって、準備されたものでも、準備できたものでもない。本多さん自身、次のHRがどうなるかの見通しはまったく持てていないわけだからね。だから私の理想を委ねるというような話でもない。

有田：…そうですね。こうして教師側の想像を超えて生徒が動き出す時って、変革のときですよね。

相良：そうね。そのとき、明らかに学校の空気とはちがう雰囲気が目前に立ち上がってくる。既存の枠組みをゆうに超えていくからね。「これ大丈夫か？」と急にこちらが不安になったりしてね（笑）。先生たちに煙たく思われる方向に進むことが多いから。でも、そういう緊張感のある状況が当たり前を更新する瞬間なんだよね。生活指導が歴史的に大事にしてきた瞬間なのだと思う。

信じるという指導性がもつ意味

有田：本多さんは柔らかい雰囲気をまといながら、でも「（クラスや個人が）こうなったらいいな」というビジョンははっきり持っていて、それに向かって「みんなはどう動くのかな？」と見ていくタイプの方だと思いますね。

相良：そうね。でも、そうしたビジョンを持つだけではこういう過程にはいたらないと思う。本多さんのどういう指導性がこの過程を促したと思う？

有田：わたしは子どもの成長のきっかけすべてを大人が作る必要は無いと思っています。大人が意図的につくり出そうとしていることに、かなり敏感に反応する高校生は多いですからね。本多さんは、自分だけがきっかけを作ろうとはしていなくて、でも思い描くクラス像をつくり出すための小さな行動をたくさん取っていると思います。本多さんは後藤さんだけでなく、一人一人の生徒のウィークポイントを見立てていると思います。例えば「難しいと無理なんですよね」と言った議長には、ここでHRを投げ出してしまったら議長も周りの生徒も幸せを獲得できないことを嗅ぎ取っていて、本多さんは議長を「（HRを）一緒にやろうよ」と説得している。指示ではなく説得したということもポイントですよね。わかりやすく手を入れたり、指示を出したりすることだけではない、ということがよくわかる実践だと思います。

相良：説得というよりも、「信じる」のほうが自分にはしっくりくるかな。本多さんの指導性にはつねに含まれていると思う。議長がその後どういう行動にでるかに意識を向けている（自分の伝えたいことをどう議長が守るかではなく）。涙した後藤さんを招く三役会を設定したのはおそらく本多さんだけど、仮にその三役会の前に「後藤さんを呼ぶけど、そのときあなたたちはどうリアクションする？」という問いを、本多さんの正しさを教えるために聞いていたら、その場は教師が求める行動を要求する場になっていく。でもそうならなかったのは、本多さんにとっての正解（意見は十分に聞いたから決議すればよいとする判断）以上にその人や集団の行為に目が向いているからだと思う。だから悔しがる三役の思いにも意識がとどいて、自然と悩める。本多さんの「信じる」という指導性は、やみくもに生徒を信じることではなくて、行為にはなにかその生徒ならではの意味があることを信じるということなのだと思う。だから、本多さんとして見通しがもてない場面でも、三役の判断を自分の考える正しさからストップしない（というよりできない）、当たり前の更新を促す指導を採れたのだと思う。

電動車椅子サッカーと共に今を生きる

中山法子

2020年から2年わたり相良先生の高生研での実践に参加させていただきました。20歳になった息子(22年度基調に登場する中山環)は有り難いことに本年10月に開催されるFIPFA Powerchair Football（電動車椅子サッカー）[1] World Cup 2023[2]の日本代表選手に選出されました。

電動車椅子サッカーは、重度障がい者が行える唯一のサッカーで、ポジショニングの妙や正確なパス回し等、選手同士の意思疎通が欠かせない高い競技性が求められるスポーツです。カスタマイズされたアメリカ製の高性能な競技用車椅子（製品名：ストライクフォース）を操作し、チームで連携しゴールを目指します。競技は時速10kmと定められており試合前にスピードテストが行われます。車椅子は高価なため家族にとってはかなりの負担となることが課題です。

クラブ練習は月に3～4回程度。週末に障がい者スポーツセンターや地元小学校の体育館を使用します。選手たちはミーティングを繰り返し、自分たちや他チームを映像で分析し練習メニューを考え練習に臨みます。寡黙な選手が多く理解しあうことが難しい時もあります。端的に表現するなら「察し合いの中で応答し合おうとしている寛容文化」でしょうか。クラブでは平野監督との面談を行っていて、そこで自分や意思をどれだけ伝えることができるかが課題です。コロナ前は選手同士でカラオケなどを楽しむこともありましたが、今はオンラインで日本中の選手たちと交流ができる時代になりました。

チームメイトはライバルであり共に戦う同志でもあります。選ばれると思われていた選手が代表落ちをしたり、意外な選手が選出されたりと、W杯イヤーは話題も悲喜こもごもです。そこには妬みや嫉妬も渦巻いていますが、そのように感情が動く体験を積めることは素晴らしいと思います。障がいがあると日々穏やかに過ごすことが最大の目的になりがちだからです。以下、W杯については環にお願いしました。

W杯はこれまで、2007年に東京、2011年にパリ、2017年にフロリダ。4回目は今年10月にシドニーで開催されます。W杯全体の目標としては、競技の魅力やレベルの高さを世界中に伝え、将来的にパラリンピック正式種目化を目指す一歩にすることです。日本代表は、過去3大会に出場し、2007年4位、2011年5位、2017年5位という戦績を残しています。今年メンバーは、前回大会から連続招集が3名、初招集が5名の若手、中堅、ベテランと世代交代も意識した構成となっています。

私を含めた初招集の5名は、3名のベテラン選手から世界と戦うためのスキルやメンタリティなどを日々学んでいます。日本代表はベスト4を目標にしており、数回の合宿や月3回のミーティングを遠く離れた仲間とオンラインで行なっています。強豪国はフランス、アメリカ、イングランド、近年オーストラリアも力をつけてきています。ルール改正前は車いすの激しい接触が多く、まるでラグビーのようなプレーでしたが、改正後は、激しい接触は厳しくジャッジされるようになったため、パスが必然的に多くなり、より拮抗した試合展開が予想されます。さらに今回はW杯初の総当たり戦という事で日本代表にとってはいまだかつてない挑戦となります。試合増もさることながら総当たりリーグ戦は国内で行われたことはほとんどないからです。

私の目標は今W杯をこれまでの集大成にすることです。車椅子サッカーとの10年は様々なことがありました。出場機会を手に入れるため若手主体のチームを作りたいとクラブ側に伝え実現したこと。若手主体チームのキャプテンとなり、周りをまとめることができなかったこと。選考方法によって代表になるチャンスを逃したこと。チームの力となって優勝に貢献できたこと。これら全てに共通するのは自分から行動したことによる学びです。その全てが今に繋がっていると強く思えます。その過程には多くの方々の支えがありました。感謝を伝えるために多くのゴールと勝利をお届けします。（中山環）

初めて車椅子サッカーの世界に触れたとき抱いていた障がい者スポーツへのイメージが覆されました。特に選手とヘルパー、チームスタッフとが対等であるからこそ生まれる世界観を感じ、障害と共に生きる不安が少し薄らいだことを覚えています。それでも全国大会開会式では前年に亡くなった選手への黙祷で始まるのが恒例です。時にチームメイトの死に直面することもあります。送る側と送られる側、そこに関わるものはみなチームでありファミリーであることを悟り、私も全てを受け入れる覚悟を決めた時となりました。筋ジストロフィと共に生きる中山環と一緒に、私自身も今ある瞬間を精一杯生きています。

(1) 電動車椅子サッカーについて http://www.web-jpfa.jp/index.php
(2) FIPFA Powerchair Football World Cup 2023 Official HP

「辛かったりしんどかったりするときもあるけど、それはアブシジン酸を出すための冬の季節を乗り越えるようなもの！」とか「その量も個々に異なるから芽が出るタイミングも人それぞれ、あせらず自分のペースでやっていこう」と生徒に話すと、ハイハイ、と生徒は優しく聞いてくれます。

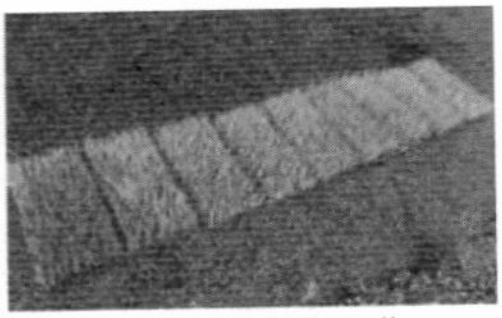

写真２　昨年の苗

種蒔きのあと、苗づくり、田植えと続いていくわけですが、その間にも畔の補強、草刈り、苗床の土集め、代掻きなどの作業があります。（写真2）作業が多岐にわたり大変ではありますが、なんといっても毎日食べる（いただける）喜びは何にも代えがたいものです。実は最近（３カ月ほど前から）朝食だけ白米から玄米に変えました。そのためか、昼夜の食欲が増し体調がいいようです。また、春と秋には田んぼや畔でクレソン、ノビル、セリなどが採れ、味噌汁や和え物でいただくのもほっとするひとときです。

なんだか楽しい話ばかりになっていますが、実はほっとできない大変なこともあります。先に「豊かな生態系」とカッコいいことを書きましたが、そのため蛇、スズメバチ、ムカデといった人間（特に痛いのが苦手な私）にとって不都合な生き物たちとも遭遇します。いくらでも話せる涙ものの苦労話、恥ずかしい話は、懸命に話す私をよそに聞いている家族、友人にはおおかた笑われてしまいます。でもこの場は「ほっとする」話のページなので、控えることにします。

写真５　容赦しません

写真６　足踏み脱穀

田んぼの近くで私の友人夫妻がやっている保育園もほっとする場所です。海と山に囲まれた自然の中で子どもたちの笑う、泣く、怒る、歌う、遊ぶ、食べることを生活のまんなかにした保育園です。行くと子どもたちから「カツキ～！」「カチュキさーん！」と口々に呼びかけられ、そこはかとなく癒やされます。保育士さんたちに職場の悩みや愚痴を聴いてもらったり、ただ保育の様子を見るだけで気づきや元気をもらったりしています。私の方も節分の鬼役や発表会の演劇など楽しみながらお手伝いをさせてもらっています。（写真5）田植えや稲刈り、脱穀には子どもたちを連れてやってきてくれます。（写真6）

いま少しずつ自分の仕事をしながら可能な範囲で農業をする人が増えているそうです。目指すは半農半教師といったところでしょうか。今年度、在任期間が長いので異動の可能性を示唆されました。幸い留任できましたが、異動した場合も異動先で田んぼを見つけて、米づくりは続けていきたいなと思っています。

「好奇心が旺盛で、人に向けられるまなざしが柔らかい方」というのが私の抱いていた田中さんのイメージです。定時制に勤務されているという共通点から勝手に親近感を持っていました。丸２年経っても夜型の不健全な生活リズムが変えられない私とは180度違う生活で、午前中にはきっとスポーツをされているのだろうと想像していました。が、お米づくりに汗を流されていたとは！美味しいお米を育てる手間の１つひとつ、田んぼに息づく生きものたち、季節うつろう景色や匂い、その全てを慈しんでいる田中さんの文章に誘われて、くじら型田んぼのあぜ道で大きなおにぎりをほお張りたくなりした。

（見波由美子）

ほっとするとき

今回は、熊本県立天草高校定時制
田中克樹さんの「ほっとするとき」です。
＊写真は全てご本人より提供いただいたものです。

写真１　田植え前　ー　稲刈り前

念願の夜間定時制高校に８年前から勤務することになり、フリーとなる午前中の時間を使ってこれまた念願だった米づくりを始めました。川と山に挟まれた４アールに満たないクジラの形をした小さな田んぼ。ここがわたしのほっとする場所です(写真１)。10 年近く耕作放棄地だったところで水を引くところから始まり、失敗を重ね悪戦苦闘しながらなんとか水を引いて溜めることができたときの感動は今でも忘れられません。天草の暑い夏、頭からかぶる山水の気持ちよさと見上げた木々の緑と青空はなんとも言えません。

米づくりの動機の１つが「冬期湛水不耕起栽培」という自然農法を知ったことでした。通称「冬水田んぼ」。冬の間も水を溜め年中耕さない一風変わった農法です。最初のころ近所の農家の方からは奇異の目で「なんの耕さんで稲のできようかい」と言われたり、通りすがりの爺ちゃん、婆ちゃんたちからは「レンコン畑な？」とか「メダカの養殖な？」(実際メダカはあっという間にうじゃうじゃに)と言われたりもしました。とにかく関心を持ってもらえただけでも嬉しくて話に花を咲かせました。

田んぼに行くと元気をもらえます。それはいろんな生き物にあふれていて、かれらのおかげで田んぼが生かされている、ひいては米づくりに、私自身が生かされていることを感じるからだと思います。稲刈り後すぐに水を溜めて、稲わらや近くの精米所からタダでもらえるヌカ、落ち葉でできた腐葉土を撒きます。これらをエサにして微生物が活発になり、冬の間に小さな虫たちの糞によりトロトロ層と呼ばれるもの（その名の通りなんとも言えない感触に癒やされます）が生成されます。このトロトロ層が稲作の大敵「雑草」から守ってくれ、さらに稲の成長も助けてくれます。

ただ農薬を撒かないので稲に悪さをする害虫が出ます。けれども農薬と化学肥料を使わないため微生物が死なずにいてくれます。おかげで害虫を食べてくれる益虫（カエルやクモ）や、害虫でも益虫でもないただの虫もいっぱいの生態系豊かな田んぼになります。そもそも害虫というのも「人間の視点」から見て勝手に言われているだけで、「多様な世界の方が持続可能な底力がある」ということを実感しています。

夏前にはホタルが舞う姿もあり、これまたほっとします。

「八十八」の手間ひまをかけるから「米」とはよくいったもので、田植えや稲刈り以外にもおもしろい作業がたくさんあります。3月は「浸種」をして「種蒔き」の準備です。浸種とは種籾を冷たい水に３週間ほど浸けることを言います。実は種に含まれるアブシジン酸という発芽抑制ホルモンが低温にさらされると溶け出していき、なくなったときに種が発芽するという仕組みだそうです。おもしろいことにこのアブシジン酸の量が１つひとつの種によって異なっていて、少なければ早く発芽し多ければ遅く発芽します(生き残りの知恵でしょうか)。ただこれは一度に収穫をしたい人間の都合からすると困った仕組みです。そこで「浸種」によりすべての種籾からアブシジン酸を出し切ってから種蒔きを行うというわけです。

18 映画の中に「世界」を読む

メディアの存在意義とは?

牧口誠司

『SHE SAID/シー・セッド
その名を暴け』
監督　マリア・シュラーダー
2022年　アメリカ映画 129分

一人の女性が、顔色を変えながら道の向こうから走ってくる。映画は、そんなシーンで幕を開ける。彼女の身にいったい何が起こったのか・・・。

ニューヨーク・タイムズのジョディ・カンターとミーガン・トゥーイーは、ハリウッドの大物プロデューサーであるハーヴェイ・ワインスタインによる性暴力疑惑を追っていた。彼は女優や女性スタッフに繰り返し性加害を行い、それを隠蔽するために口止め料を払って示談にしているらしい。しかし彼は映画界で大きな影響力を持つ人物である。示談に応じた女性たちは、「事実を口外しないこと」という条件に縛られて証言できない。取材対象者が記者の二人を信頼してくれる保証もない。それでも、現場の記者を孤立させない上司の支えもあり、二人は粘り強い取材をすすめる。徐々に勇気ある証言者たちが現れ、はじめは雲をつかむようだった事件の輪郭が見えてくる。

この作品は、#MeToo 運動の発端となった実際の事件をもとにした映画であり、取材の現場やワインスタインの弁護士との交渉など、随所に生々しい緊迫感が走る。一方二人の記者はごく普通のワーキングマザーであり、取材に行き詰まったり脅迫電話に怯えたりといった人間らしい側面も垣間見える。どちらも子育ての最中であり、どちらも夫と協力し、仕事と折り合いをつけながら家事育児を行うというプライベートな側面も描かれている。

ところで、この映画では、一方の「主人公」と言えるワインスタインの姿はほぼ描かれない。弁護士と共に彼が新聞社に乗り込んでくる場面でも、後ろ姿がわずかに垣間見える程度である。また、彼が行った性加害のシーンも描かれない。それは、いまだ心に傷を持つ多くの被害者への配慮であるとともに、レイプシーンを興味本位の観客に消費させないという作り手側の明確な意思の表れなのであろう。パンフレットの中で、監督は「女性に対する暴力のシーンを世界に向けてさらに生み出すことに抵抗を感じました」と述べている。かつて「社会派」と言われたいくつもの映画の中で、不要なシーンが描かれていたのとは対照的である。

おりしも、日本でもジャニーズ事務所の問題がようやく大手メディアを通して語られるようになってきた。しかし、数十年にわたってほとんど黙殺されてきたという事実をどう考えればよいのか。もちろん事務所の、また性加害を行ったとされる本人の問題は言うまでもないが、この映画で描かれるメディアの調査報道と、日本におけるメディアの実態との違いに途方に暮れそうになる。主役の一人であるゾーイ・カザンは、インタビューに答えて「(ジャーナリストとして)重要なのは、鋭い知性、不屈の忍耐力、そして不正を正さなければならないという強い思い」だと語っているが、今の日本のメディアで、そうした思いで働いている人ははたしてどれくらいいるのだろう。しかしこれは、単にメディアを非難していて済む問題ではない。私たち市民が、信頼できるメディアを育ててきたのか、しっかりとしたメディアリテラシーを身につけてきたのかという問いを立てることも必要なのではなかろうか。そしてメディアリテラシーは、教育の場で身につけることが可能な力なのである。

そしてまた、ジェンダーに関する認識も、この社会全体としていまだ不十分であると言わざるを得ない。医学部の不正入試に見られるような女性に対する不当な取り扱い、セクシュアルマイノリティに対する法的・社会的差別。そうした課題を認識し、変革を考えていく場としても、やはり教育は重要な役割を担っていくべきだろう。

映画は事実に基づいて描かれており、ことさらに大げさな演出は見られない。それでも、被害者の一人であるアシュレイ・ジャッドが、報道を前提に証言すると電話してきたシーンは感動的である。卑劣な犯罪に対する怒り、傷つけられた誇りを取り戻そうという力、そして取材を重ねてきた記者に対する信頼。証言者の思いがその一点に凝縮され、電話を受けたジョディが、「これで記事を出すことが出来る!」と喜びを爆発させる様子に、観客は心を重ねることだろう。世の中にはさまざまな不正や悪意が満ちている。それでも、「社会をよりよく変えていくことは可能なのだ」というメッセージは、観る者に勇気を与えてくれる。

ジャニーズ事務所の社長は、罪に問われることなくその命を閉じた。ハーヴェイ・ワインスタインは、数十年に及ぶ禁固刑という、実質終身刑と言える罰を受けて今も収監中である。

・DVD発売・販売元:NBCユニバーサルエンターテイメント
・定価:3,980円

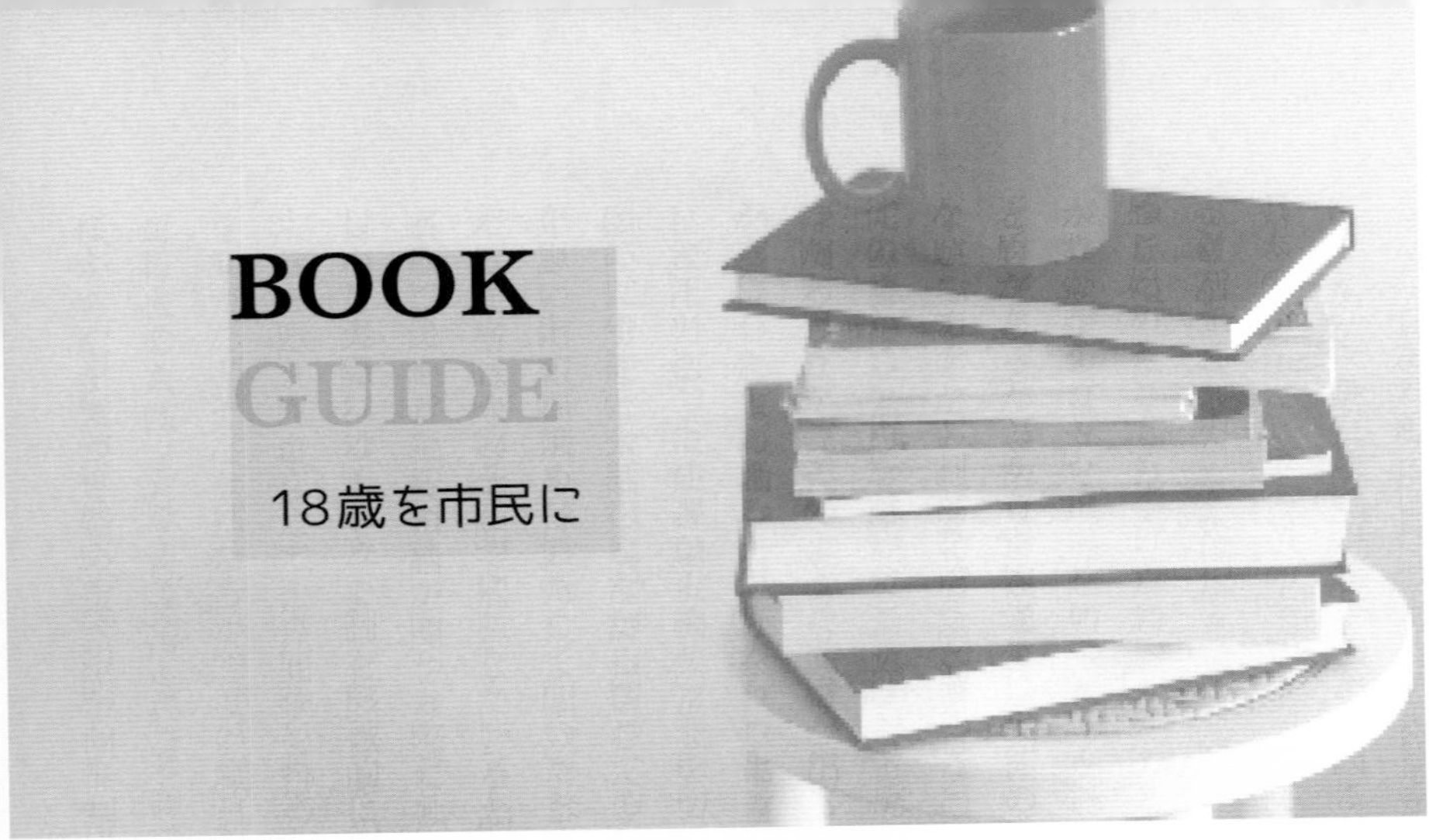

BOOK GUIDE

18歳を市民に

子どもが、大人の「ずるい言葉」にだまされないようになるために

『10代から知っておきたい あなたを閉じ込める「ずるい言葉」』

著者　森山至貴

WAVE出版
2020年発行
定価 1,400円＋税

娘「高校に入学したらダンス部に入りたい」母「ダメ。けがでもしたら大変だし、そもそも大学受験に向けて勉強しなきゃいけないんだから、部活動なんかやってる暇は無い」娘「勉強だけがすべてじゃないって昔は言っていたのに、ずるい」母「とにかくダメなものはダメ。あなたのためを思って言っているんだよ」

さてこの「母」の言葉のどこに問題があると思うだろう？筆者の森山氏は、最後の「母」の言葉に「パターナリズム」の問題性を見て取る。本書には、このような「子どもを閉じ込める29のずるい言葉」が紹介される。私はこの本の一部を国語の授業で取り扱ってみたことがある。

生徒たちから、筆者の指摘や発想に激しく共感し、自分の苦しい思いを語り出してくれた生徒も出てきた。子どもと共に、抑圧を切り開き、対等平等な関係性を模索するために必読の書。

（但馬徹哉）

ことばが生まれるとき

『高校生と文学作品を読む』

著者　藤本英二

鳥影社
2022年発行
定価 1,800円＋税

10数編の文学作品を媒介にする授業論である。著者は、10代から80代の夜間定時制の生徒たちと対話を試みる。教材の価値は「生徒にとっての価値」と「教師の思い」がクロスする点から測られ、「学ぶべき内容が、現代に生きる我々の課題や、高校生の抱えている問題に触れているか」と考えて教材を選ぶ。「みんなはどう思う」と投げかけるのは、《世界が私に語りかけてくる。そして私のよびかけに応じてくれる者がいる。その驚きと喜びの中にこそ、ことばの本源的な力がある》と信じるからだ。読みの鮮度、限定された生を生きる、俯瞰してみる、予想してみる、謎は二つの語りの間に宙づりにされる、授業は一度きりのセッション、教科書に隠された差別、授業づくりのささやかな工夫。どの頁にも、ゆっくり味わい、対話してみたい「ことば」がある。すべての教師に薦めたい本だ。

（望月一枝）

わかった気にならず、常に自分を問い直す

『気づく　立ちあがる
育てる
ー日本の性教育における
クィアペダゴジーー』

著者　堀川修平

エイデル研究所
2022 年発行
定価　2,200 円＋税

かつて、1990 年前後、研究者でさえ同性愛者を異常視していた時代、同性愛について性教育実践として真正面から取り扱った 3 人の教師がいた。

彼らは自身の学びによって「自分の足が誰かを踏みつけているかもしれない」ことに気づき、自身の権力性を問い直し、生徒と対話を重ね、共に学ぼうとすることで、今まで見えなくされていた存在が立ちあがってきて、自分ごととして捉えられるようになった。

その過程を、堀川さんは 3 人のライフヒストリーと問題意識を丁寧に聞き取りながら生き生きと描き出していて、惹きつけられる。

異性愛中心・男女二分法の染みついた学校では、ともすると、性的マイノリティを「特別扱い」の個別対応で問題を個人の中に押し込めて、（差別）構造やマジョリティの問い直しには至らず、他人事のまま終わらせてしまいがちだ

今こそ、読みたい一冊である。　（見波由美子）

「民主主義を学び、生きる」HR や授業にするためのヒントがある

『世界に学ぶ 主権者
教育の最前線
—生徒参加が拓く民主
主義の学び—』

著者　荒井文昭　大津尚志
古田雄一　宮下与兵衛
柳澤良明

学事出版
2023 年発行
定価　2,200 円＋税

近年、世界では若者の政治参加が活発化していると言われるが、日本では若者の投票率は低く、「自分で国や社会を変えられると思う」割合も調査国中最低で、デモを怖いという反応も多くあり、主権者意識は非常に低い。

本書では日本の中高の先進的な主権者教育の取り組みや、アメリカ・フランス・ドイツ・ニュージーランドのシティズンシップ教育・民主主義教育の制度や実践が紹介され、生徒が実際にどのように学校運営や地域づくりに関わり、民主的な主体として育っていくのかがつぶさに報告されている。

ここで語られる「民主主義を生きる」ことができるようにするための各国の制度や取り組みは決して遠いものではなく、「民主主義を生きる」HR や授業にするためのヒントが多数散りばめられており明日からの実践に生かせる内容ともなっている。

（前田浪江）

岩手の宝、松田兄弟が開拓するのは「思想」だ！全てが胸アツ!!

『異彩を、放て。
「ヘラルボニー」が
福祉×アートで世界を
変える』

編者　松田文登・松田崇弥

新潮社
2022 年発行
定価 1,500 円＋税

2015 年夏、花巻の『るんぴにい美術館』でアート作品に出会い、障害のある人々の心と人生を社会に「結ぶ」、「ネクタイ」をつくり、唯一無二のプロダクトとして、世の中へ提示しようとプロジェクトを始動。支援や貢献ではなく、アート作品を様々なかたちで市場に送り届けるスタートアップ企業、ヘラルボニー（2018 年設立）。創業者である双子の松田文登・崇弥さんの４歳上の自閉症の兄は、「普通じゃない」という理由ではじき出されてきたが、それを理不尽だと幼少時から感じてきた彼らは、兄が小学生の頃からノートに書き続けていた謎の言葉「ヘラルボニー」を社名とする彼らの生い立ちから起業に至るまで、そしてこれからの展望についてまとめたこの１冊は、あふれんばかりの希望でいっぱいだ。

効率とスピードが要求され人間の命さえ軽んじられる世の中にあって、ヘラルボニーのメッセージは強く輝いている。　（中 順子）

編集後記

★オンライン会議で特集テーマを考えるところから始まり、編集趣旨づくり、特集テーマごとの分析会議、扉文の作成。他にも作業が細々ありますが…メールでのやりとりも重ねながら、各々の持ち味を活かして、編集Gのメンバーみんなで創り上げていく過程が、すごいです。対話で学びが深まっていく、このゾクゾクの連続を、そのまま、読者のみなさまにお届けしたいです。（見波由美子）★編集プロセスに関わっていますと、雑誌『高校生活指導』がいかにナマモノであるかに気づかされます。実践者や当事者の実践を潜ったことばが原稿に表出してくるその過程は、特集2を通じた出会いが全国大会交流会につながるなど（!）、凝り固まった現実をほぐし続ける生活指導そのもの、な気がしています。（相良武紀）★進学実績至上主義、管理主義による異質の排除というドミナントストーリーに対して、高生研は18歳を市民にするというもう一つの物語を紡ぎ出そうとしてきました。班核討議づくりという物語が高校生の現実に合わなくなり、新高生研は新たな物語の模索の試みであったのだと思います。しかし、その模索の時期は終わり、新たな光が見え始めています。今年の塚本基調もそうですしここ数年の基調にそれを感じます。高生研は新たな物語の形をいま生み出そうとしている。固定されたものではなく日々更新されるものとしての物語です。（藤本幹人）★片岡さんがご自分の経験を綴ってくださったことで、先輩たちのたたかいがあって今があることが改めて強く感じられました。読み手がそれぞれジェンダーの視点から語り出したくなる内容で、本号をもとにいろいろな方とお話しできそうで楽しみです。（杉田真衣）★ことばを獲得することは、世界に現れること。それと意識せず、ある世界に囲いこんでしまっている自身の行為を振り返り、ぞっとしました。（望月一枝）★ジェンダーによる性差別の構造はあまりに日常的に生活に組み込まれ内面化しているため生徒に自分事として考えさせるのは並大抵のことではありません。特集1では、もはやジェンダー問題に他人事でいられない、明日から実践してみようと勇気をもらえる内容が満載です。（前田浪江）★今号の映画評の、「ワインスタインの姿はほぼ描かれない」という部分は、実は僕がはじめから気付いていたことではありません。友人の何人かがSNS上で指摘していて、なるほどそうかと思い当たりました。さらにパンフレットで監督の言葉を読んで確認したわけなんですが、そういった気づきはありがたいものですね（牧口誠司）★前号から機関誌Gに参加させて頂いています。処罰主義と学校スタンダードに押しつぶされそうになる時、高生研での議論から立ち向かうちからと安心感をもらっています。でもまだまだ議論について行けないことの方が多いです。どんどん学びたいと思います。よろしくお願いします（但馬徹哉）★編集委員会に参加させていただくようになってから、自分の言葉や思考がいかに貧弱だったか、痛感しています。でもそれは自分の不甲斐なさをただ情けなく思うことだけではなくて、新しい視点や世界がひらくよろこびが、そこにはたくさんあります。（濱裕子）★テーマについて、ざっくばらんに話す若者座談会に初めて取り組んでみました。新たな課題意識が生まれたり、今まで考えてきたことを言語化できたりと実り多い時間でした。他の方ともお話したいので、ご興味のある方はご連絡ください。（松林宏樹）★この216号の校正作業ではいつにも増して担当者の間での意見交換が多く行われました。単にことばの問題としてではなく、テーマに関わるやりとりが、深い学びにつながったと感じました。新たに編集Gに加わって下さるメンバーとも、このようなやりとりができるようになったら、と思います。（地井衣）

今後のよい紙面作りのために本誌への感想・ご意見・ご要望はこちらから

高校生活指導　第216号

２０２３年９月１日発行
編　集　全国高校生活指導研究協議会
編集長　見波由美子
henshuchou@kouseiken.jp
発　行　全国高校生活指導研究協議会
発　売　教育実務センター
東京都千代田区三番町14−3岡田ビル４F
電　話　０３（６２６１）１２２６
ＦＡＸ　０３（６２６１）１２３０
印刷・製本　電算印刷株式会社
（年２回発行）